Kommen und Gehen

Magdalena Abraham-Diefenbach

Kommen und Gehen sind zwei Pole einer Bewegung. Zwischen
ihnen liegt der Weg, zwischen ihnen sind wir unterwegs. Die
Lebenstopografie ist ein Aspekt unserer Identität. »Woher
kommst du?« ist oft die erste Frage, die uns im Ausland gestellt
wird. Der Herkunftsort ist neben dem Fingerabdruck und dem
Abstand zwischen den Augen das, womit wir von anderen unterschieden werden. Geburtsort, Wohnort, Nationalität sind Kate-
gorien, nach welchen Menschen uns einsortieren. Schon die erste
Statistik, die für die Region an Oder und Spree überliefert ist, der
Landreiterbericht von 1652, unterscheidet zwischen Untertanen,
die »im Lande geboren« sind und solchen, die aus anderen Ge-
genden stammen. Heute kann die Frage nach der Herkunft – je
nach dem Kontext, in dem sie gestellt wird – der Beginn einer
Plauderei oder eines Verhörs sein. Es macht einen Unterschied,
ob sie von einem Kollegen aus Kanada auf einer internationalen
Konferenz in der Schweiz oder von einem Grenzbeamten an der
EU-Außengrenze gestellt wird.
Bis 2004 bildete die Ostgrenze des Landkreises Oder-Spree die
östliche Außengrenze der EU. Die erst 1945 gezogene deutsch-
polnische Grenze verwandelte sich immer wieder, was ihre
Durchlässigkeit, symbolische wie faktische und praktische
Bedeutung angeht. Sie teilt noch heute die Lebenswelt der
Menschen in zwei Sphären: diesseits und jenseits der Oder.
Sie teilte Menschen ein in welche, die sich an das »Jenseits«
erinnern und andere, die es nicht mehr tun. Und heute in die,
die »rüber« zum Tanken fahren und welche, die noch nie in

Polen gewesen sind. Es gibt Menschen, für die die Grenze an der Oder und Neiße unsichtbar geworden ist. Das gilt aber nicht für alle.

Freizügigkeit als Recht und Möglichkeit

Als Polen der Europäischen Union beitreten sollte, war die Freizügigkeit als Recht und Möglichkeit, in jedem EU-Land leben und arbeiten zu dürfen, ein wichtiges Thema für die Bürgerinnen und Bürger der zehn Beitrittsländer. Auch für mich, damals eine polnische Studentin. Deutschland hatte Sperrfristen eingeführt. Erst ab Mai 2011 durften Polen und Polinnen in Deutschland ohne Einschränkungen arbeiten. Als in der Corona-Pandemie die Grenze zwischen Deutschland und Polen geschlossen wurde, merkten wir, wie viele Menschen in der Region jeden Tag zwischen den beiden Ländern pendeln – kommen und gehen. Heute spricht die Schaffnerin im ODEG-Zug nach Berlin mit polnischem Akzent, und keinen wundert es mehr. Sie lebt auf der einen oder der anderen Seite der Grenze. So wie sie möchte.

Als am Morgen des 24. Februar 2022 Russland die Ukraine angegriffen hatte und in Kiew die ersten Explosionen zu hören waren, packten ukrainische Mütter die Koffer, die Kinder ihre Teddybären und Barbies und stiegen in Autos, um zu fliehen. Unfreiwillig. Inzwischen leben sie unter uns. Wer als Flüchtling aus Syrien, Afghanistan, dem Iran kommt, wer an der Grenze um Asyl bittet, den bringt der Bundesgrenzschutz in die Erstaufnahmeeinrichtung nach Eisenhüttenstadt. Der Ort hinter hohen Zäunen wirkt abschreckend, isoliert. Haben wir auch diese Menschen im Blick, wenn wir über Kommen und Gehen nachdenken?

Wie wichtig ist es, bleiben zu dürfen?

Eva von Redecker schreibt in ihrem Buch »Bleibefreiheit« von einer anderen Freiheit – einer Freiheit, an dem Ort bleiben zu können, an dem man lebt. In den 1830er-Jahren motivierten Armut und Hunger Menschen auch aus unserer Region, nach Nordamerika auszuwandern. Die wirtschaftlichen Umbrüche und die hohe Arbeitslosigkeit der 1990er-Jahre verfestigten lange das Bild, man müsse hier weg, wenn man etwas aus sich machen wolle. Werden wir hierbleiben können? Wird das Wasser reichen? Wann werden die Sommer zu heiß? Werden unsere Wälder abbrennen? Werden wir die Freiheit haben, in der Region an Oder und Spree bleiben zu können? Was würden wir dafür tun, hier weiterhin leben zu können?

Die Vielfalt der Geschichten von Menschen, die kommen und gehen, die gekommen und die gegangen sind, spiegelt sich in den Lebensläufen der Menschen an Oder und Spree. Unser Museum ist genau der Ort, an dem man sich gegenseitig davon erzählen kann. Es berichtet von Lebenswegen, die von hier aus in die Welt führen und aus der Welt hierher. Von einem Landstrich, der seit jeher geprägt ist vom Kommen und Gehen.

folgende Seiten:
Wahlkampftermin der AfD in Müllrose,
Mai 2023: Kandidat Rainer Galla (r.)
wird Herausforderer Frank Steffen (SPD)
am Ende nur knapp unterliegen.

linke Seite:
Helga Döbis (v.l.), Gisela Pelz und
Frieda Hülsenitz vor dem ehemaligen
Gutshaus in Kuhnshof

Umgesiedelte Deutsche – Kuhnshof 7

»Jetzt könnt ihr heim ins Reich«

Anja Lange

2,3 Kilometer nordwestlich vom Stadtkern von Friedland, 21 Einwohner und mehr Katzen als Menschen. Sieben Häuser in der Dorfmitte, drei im Randbezirk. Das ist Kuhnshof, Ortsteil von Leißnitz. Der Ort ist so winzig, dass ihn nicht einmal ein Ortsschild ziert.

Zu Fuß auf kurzem Wege zu erreichen ist wenig. Immerhin: Bei Nachbar Achim, der einen sehr nett willkommen heißt, können Eier gekauft werden. Teslas Gigafactory ist 63,9 Kilometer von Kuhnshof entfernt. Wenn Elon Musk den Landkreis Oder-Spree entdeckt hat, dann werde ich es ebenfalls versuchen. Der Mars scheint für ihn jedoch näher zu liegen als für mich Berlin.

Ein Ort mit Vergangenheit

Die Umgebung ist gesäumt von Feldern und Wäldern, Seen und der Spree. Die Ruhe ist einzigartig. Der Blick ist frei. Ein Ort mit erlebnisreicher Vergangenheit. Mehr als nur eine Durchfahrt zur Fähre nach Leißnitz. Schnell ist man im Gespräch mit »den Kuhnshofern« und stellt fest, dass jeder von ihnen irgendwann hier angekommen ist. Ein Teil des Dorfes besteht aus der Familie Hülsenitz, der andere aus zugezogenen Berlinern. Alle irgendwie für sich allein und zurückgezogen. Eine Verbindung zu Friedland und Leißnitz besteht kaum. Warum das bei meinen Nachbarn, die bereits in der dritten Generation hier leben, der Fall ist, bleibt vorerst ein Rätsel. Dann erfahre ich im Vorbeigehen von Achim, dass seine Mutter, Frieda Hülsenitz, aus dem Kreis Crossen stammt. Dieses Gebiet gehörte bis 1945 zu Deutschland. Jetzt liegt es in Polen.

»Siedler«, so nennt Achim die Menschen, die in diesen unruhigen Zeiten in Kuhnshof ein Stück Land bekommen haben. Noch weiß ich nicht, dass meine Arbeit auf der Burg Beeskow dazu führen wird, dass ich mehr über die getriebene Geschichte der netten älteren Dame erfahren werde.

Gutshof wird Unterkunft für Vertriebene

Das Gutshaus ist der Kern von Kuhnshof. Im Zuge der Bodenreform 1945 wird der Gutsbesitzer enteignet und das Haus dient als Unterkunft für Vertriebene. Es ist umgeben vom ehemaligen Stall, dem Verwalterhaus und den Arbeiterhäusern. Die einstige Scheune ist heute das Haus von Frieda Hülsenitz. Es strahlt eine gewisse Gemütlichkeit aus. Geheizt wird mit Holz in einem alten Ofen.

Frieda Hülsenitz, 93 Jahre alt, sitzt im Rollstuhl. Geboren ist sie 1930 als Frieda Richter in Berloge. Von dort sind es ungefähr 30 Kilometer Fußmarsch bis an die heutige deutsch-polnische Grenze.

Mit dem Vorrücken der Roten Armee, bereits vor dem offiziellen Kriegsende im Mai 1945, flieht Familie Richter mit ihren fünf Kindern, der 15-jährigen Frieda, der einjährigen Regina, Hildegard, Anita und Alfred nach Wußwerk in den Spreewald. Eine Rückkehr in die Heimat wird es nicht geben. Das wissen am Anfang viele noch nicht.

Frieda Hülsenitz erzählt, dass sie mit ihren Schwestern in einem Arbeitslager, in dem hauptsächlich Frauen Zwangsarbeit leisten müssen, untergebracht worden sei, im Spreewald. Nachweise dazu finde ich nicht. Es soll nur eine Zwischenstation sein, bis die Familie letztendlich nach Friedland aufbrechen muss. Dabei führt sie der Weg über Jamlitz, wo sich für kurze Zeit ein Auffanglager für Vertriebene befindet.

Der Heimatort ist von Polen besetzt

Hoffnungsvoll kehrt Familie Richter im Mai 1945 nach Berloge zurück. Der Heimatort ist jedoch längst von Polen besetzt. Unter Zwang müssen sie Kartoffeln legen und Tiere füttern und melken, die ihnen nicht mehr gehören sollen.

Nach einem Monat, am 23. Juni 1945, werden alle Deutschen aus dem Dorf zur Neiße getrieben. »Jetzt könnt ihr heim ins Reich«, sagt der Soldat an der Grenze zur 15-jährigen Frieda. Erinnerungen an einen Wagen und Pferde, auf denen sie sitzen, werden wach. Selbst das letzte Hab und Gut wird ihnen im Chausseegraben in Guben genommen. »Wir hatten nichts.« Dieser Satz – so kurz und gleichzeitig so tief – und dann Stille. In der Küche knistert das Feuer im alten Ofen, der so viel Wärme verströmt, dass die Luft zum Schneiden ist. Auch 78 Jahre später werden Trauer und Verzweiflung wieder wach: Das Trauma der Vergangenheit begleitet meine Nachbarin seit jeher.

»Wir wussten nicht, wo wir hinlaufen.« Irgendwann kommt die Familie in Friedland an. Ein offener Empfang bleibt ihr jedoch verwehrt. Als Flüchtlinge werden sie auch mit Argwohn betrachtet.

Beim Fleischer gibt es auf Papier einen Löffel voll Grützwurst. Den Hunger zu stillen vermag er nicht. Erzählen möchte Frieda, dass ihre vertriebene Familie auch gute Bauern mit Vieh und Land waren, das ihnen weggenommen worden sei. Was können sie dafür?

Hunger als ständiger Begleiter Bevor es auf die Gutshöfe geht, werden die Vertriebenen in Sälen einquartiert. Sarkow und Glowe komplettieren die drei Gutshöfe, in denen die gesamte Berloger Dorfgemeinschaft untergebracht wird. Es erfolgt eine Aufteilung der enteigneten Ländereien und Felder. Kuhnshof sieht man dabei als eher schlechte Zuteilung an. Wachsen kann dort nicht viel, das Essen bleibt knapp, der Hunger ist ständiger Begleiter.

»Ich weiß nicht, wie wir überleben konnten.« Anita und Frieda müssen betteln, um für die kleine Schwester Regina etwas Milch zu ergattern. Die Steckrüben werden bei den Bauern gestohlen. Ein Höhepunkt ist eine Mahlzeit aus Kartoffeln und Sirup aus den eroberten Steckrüben.

Die Geschichte von Frieda Hülsenitz und ihrer Familie ist kein Einzelschicksal. Ich lerne Gisela Pelz und Helga Döbis kennen, geboren 1939 und 1933. Beide haben in Wellmitz, ebenfalls Kreis Crossen, das Licht der Welt erblickt. Mein Weg führt mich nach Fürstenwalde. Ein Familienmitglied aus Friedland organisiert das Treffen.

Gisela berichtet von einem offenen Empfang, wo Hunger und Existenzängste nicht vorherrschen, da die Mutter sofort Arbeit in der Molkerei bekommt. Später erzählt sie jedoch davon, dass ihre Mutter Brot im Bett versteckt und sie es heimlich von innen verspeist, weil der Hunger groß ist. Gisela Pelz war sechs Jahre alt, als sie mit ihrer Familie aus ihrem Heimatort vertrieben wurde.

Zum Betteln zu den Bauern Helga wird, wie Frieda Hülsenitz, in Kuhnshof untergebracht. Jedoch im großen Gutshaus. Dort müssen bis zu acht Familien gelebt haben. »Meine Mutter hatte es sehr schwer.« Anfangs geht sie regelmäßig nach Zeust zu den Bauern zum Betteln und schämt sich sehr für diese Erniedrigung. Als Frau mit zwei kleinen Kindern und einer Großmutter könne sie, so sagt es der Bürgermeister, kein Land allein bewirtschaften.

Die Schilderungen ähneln sich, die Wahrnehmung bleibt jedoch eine andere. Die beiden Cousinen sind dankbar, dass die Geschichte erzählt werden kann.

Die Bewohner aus Wellmitz fliehen kurz vor Kriegsende zunächst nach Christianstadt/Bober und verstecken sich dort in Scheunen und Wohnungen vor der Roten Armee. Als der Krieg im Mai 1945 endet, kehren auch sie in ihr Dorf zurück. Wie Berloge ist Wellmitz von Russen und Polen besetzt, die das Vieh der Menschen zusammentreiben und sie dazu drängen, es zu füttern und zu melken.

rechte Seite:
In Barłogi ist Frieda Hülsenitz 1930
geboren; damals hieß es noch Berloge.

Die Gefahr, die von der Roten Armee für junge Mädchen und Frauen ausgeht, ist in dieser Zeit allgegenwärtig. Helga ist damals elf Jahre alt und entsinnt sich noch sehr genau, dass sich die Frauen verstecken müssen. Am schlimmsten ist es in der Nacht. Bloß nicht entdeckt werden.

Mit der großen Vertreibung am 23. Juni 1945 müssen jetzt ebenfalls die Bewohner von Wellmitz innerhalb weniger Stunden alles zurücklassen. Nicht alle Wellmitzer schaffen es bis hinter die Grenze. Ältere Menschen seien von den polnischen Soldaten einfach erschossen worden, erzählen Gisela Pelz und Helga Döbis. Am Ufer der Neiße werden Kinder und Alte mit einem Kahn übergesetzt, der Rest watet durch das Wasser. »Im anderen Deutschland bekommen Sie alles viel besser«, sagt ein Pole zur Mutter von Helga.

Vergeltung für die Nazi-Verbrechen

Kuhnshof ist ein Beispiel für die Bevölkerungsverschiebung, die unter Historikern heute als die größte Zwangsumsiedlung der Menschheitsgeschichte beschrieben wird. Die Zahl der vertriebenen und geflüchteten Deutschen aus den deutschen Ostgebieten nach Ende des Zweiten Weltkrieges wird auf zwölf bis 14 Millionen geschätzt. Die »wilden Vertreibungen« finden von Kriegsende bis August 1945 statt. Es soll eine Vergeltung für die Verbrechen der Nationalsozialisten sein. Die drei Kinder – Frieda, Helga und Gisela – sind an keinem davon beteiligt gewesen. Ihre Geschichten stehen für die von Millionen. Die bedrückenden Schilderungen haben nichts an Aktualität verloren. Sie sollten eine Mahnung für uns alle sein.

Beim Brotfest in Białków werden
Traditionen von der Ernte bis zum
Backen nachempfunden.

linke Seite:
Eugeniusz Niparko hält die Traditionen
der alten Heimat auch in Białków hoch.

Ein Waggon voller Erinnerungen

Uwe Rada

Als die Eltern von Eugeniusz Niparko in Balkow ankamen, waren die Deutschen schon weg. »Alle Häuser waren leer«, sagt der 67-Jährige und lächelt. Doch vom Weggehen der Deutschen vor mehr als 75 Jahren soll hier nicht die Rede sein, sondern vom Ankommen der Polen im Lebuser Land.

Weggehen und Ankommen. Eine Reise von dort, wo nichts mehr geht, nach dahin, wo keiner weiß, was wird. Es ist der 16. Oktober 1945, ein Dienstag. In Bereza Kartuska, einer Kleinstadt in Polesien östlich von Brest, packt Zofia Niparko ihre Habe auf ein Fuhrwerk. Ihr Mann Kazimierz ist zur selben Zeit noch bei der polnischen Armee. Sie wird ihn erst später wiedersehen, in der neuen Heimat.

Zofia Niparko ist nicht die Einzige, die ihr Gebäck auf ein Fuhrwerk geladen hat. Auch andere Bewohner von Bereza Kartuska fahren bis zum Bahnhof im nahen Błudeń. Dort besteigen sie die bereitstehenden Waggons. Auf manchen finden auch Fuhrwerke einen Platz. »Eine Begrenzung des Gepäcks gab es nicht«, erinnert sich Eugeniusz Niparko an die Erzählungen seiner Mutter. »Man konnte mitnehmen, was auf den Waggon passt.«

Zur Ausreise gezwungen Freiwillig geht Zofia Niparko nicht, sie wird zur Ausreise gezwungen. »Als Katholiken waren meine Eltern für die sowjetischen Behörden Polen, sie mussten weg. Die Schwester meiner Mutter ging dagegen immer in den orthodoxen Gottesdienst. Sie galt den Behörden als Belarussin und musste bleiben.«

Bereza Kartuska und Błudeń sind die polnischen Namen der Ortschaften unweit des Prypjat und seiner Sümpfe. Seit 1945 heißen sie Bjarosa-Kartusskaja und Pierszamajskaja, benannt nach dem Ersten Mai, dem internationalen Kampftag der Arbeiterklasse. Es ist dasselbe Jahr, in dem auch Balkow seinen Namen wechselt. Auf Polnisch heißt das ehemalige Dorf bei Ziebingen nun Białków, es gehört zur Gemeinde Cybinka unweit von Słubice.

Zwei Wochen später, am 2. November 1945, kommt der Transport am Bahnhof von Cybinka an. Die Stationen der fast 800 Kilometer langen Reise lauteten Brest, Warszawa, Poznań. In Rzepin waren die Ausgesiedelten in die Kleinbahn gestiegen, die sie bis Cybinka brachte. Von dort geht es mit dem Fuhrwerk nach Białków, dem Dorf, von dem sie gehört haben, dass alle Häuser leer stehen.

Daten erinnern an Abfahrt und Ankunft

Die Strecke, die der Zug mit den Waggons der Vertriebenen zurückgelegt hat, ist rot eingezeichnet auf einer großflächigen Landkarte im Freilichtmuseum von Białków. Unter der Karte stehen die Daten von Abfahrt und Ankunft des Transports. 16. Oktober und 2. November 1945. Der ganze Stolz von Eugeniusz Niparko gilt aber dem Waggon, den er auf ein 50 Meter langes Gleis hat setzen lassen. Ein Originalwaggon aus der Zeit der Transporte, erzählt er. »Der Besitzer hat ihn uns geschenkt. Die Bedingung war, dass wir ihn wieder herrichten.«

Eugeniusz Niparko ist nicht der Einzige, der in Białków mit seinen 500 Einwohnerinnen und Einwohnern an die alte Heimat in Polesien erinnert. »80 Prozent der Bewohner haben ihre Wurzeln in Polesien«, sagt der Mann mit dem weißen Rauschebart, der nach der Wende einen Verein gegründet hat. »Verein der Freunde von Polesien und Białków« heißt er und soll eine Brücke schlagen. Von der alten Heimat in die neue. Von Polesien in die Ziemia Lubuska, das Lebuser Land. Vom Land am Prypjat, das heute zu Belarus gehört, ins Grenzland an der Oder zwischen Polen und Deutschland.

Eine Hütte wie in Polesiens Dörfern

Das Freilichtmuseum ist die Schatztruhe des Vereins. Derzeit bemüht sich Eugeniusz Niparko um den Erwerb eines zweiten Waggons, der dann eine Ausstellung beherbergen soll. Er würde dann ein Waggon voller Erinnerungen sein. Auch eine Hütte soll aufgebaut werden, aus Holz natürlich und gedeckt mit Stroh, eine Hütte wie in den Dörfern in Polesien. Vor fünf Jahren ist Niparko in der ehemaligen Heimat seiner Eltern gewesen und hat sich nach einem leerstehenden Holzhaus umgesehen, das zum Verkauf stand. Eines, das sich zerlegen und die 800 Kilometer nach Białków transportieren lässt. In der Holzhütte soll einmal ausgestellt werden, was die Bewohner aus Polesien in die neue Heimat mitgebracht haben. Zum Waggon der Erinnerungen würde dann noch eine Hütte kommen.

Materielle Spuren, so nennen das die Museumsleute gerne. Noch sind sie im vorläufigen Vereinshaus untergebracht. Töpfe, Körbe, sogar einen Schuh zeigt Eugeniusz Niparko. Vor dem Krieg wurde er aus alten Autoreifen hergestellt. Polesien war ein armer Landstrich, das Leben war entbehrungsreich. Zu jedem Ausstellungsstück kann Niparko eine Geschichte erzählen. Er erst bringt die materiellen Spuren zum Sprechen.

Brot nach traditionellem Rezept

Heimweh hat Niparko nicht, das zu sagen ist ihm wichtig. »Ich bin hier in Białków zuhause«, erzählt er und tischt in seiner Wohnstube ein Stück Brot auf, gebacken nach dem traditionellen Rezept seiner Eltern. Doch die Erinnerung an das Leben in Polesien soll nicht verblassen, nicht einmal beim Essen. Das hat Niparko vor einem Jahr einem polnischen Journalisten erzählt. Auch zum Brot hatte er eine Geschichte parat. »Meine Eltern waren Bauern. Der Boden war erbärmlich. Das Brot haben sie den Sümpfen und dem Sand förmlich abgerungen.«

Es sind die Geschichten seiner Eltern, die Eugeniusz Niparko erzählt. Der Boden, den er selbst bestellt hat, der in der neuen Heimat, war nicht erbärmlich, er hat ihn ernährt. »Ich bin in Białków zur Grundschule gegangen, dann aufs Gymnasium«, sagt er. Danach hat er einen modernen Landwirtschaftsbetrieb aufgebaut, noch immer stehen die Traktoren auf dem Hof. »Halb bin ich in Rente und halb arbeite ich noch«, sagt er lächelnd. Den Job als Bürgermeister hat er seiner Frau vermacht. »Das ist hier unsere väterliche Heimat geworden«, scherzt er. »Polesien dagegen ist die großväterliche Erde.«

Manche blieben in der Ferne

Bleiben also, obwohl das nicht ganz zu den Polesiern passt. Der Großvater, erzählt Eugeniusz Niparko, hat sogar mal in Amerika gelebt. Doch dann sei er heimgekehrt. Andere sind in der Ferne geblieben. »Als wir vor vielen Jahren eine Versammlung der Polesier in Polen organisiert haben«, betont Niparko, »kamen sie sogar aus Neuseeland nach Białków.«

Zusammenkünfte wie diese kann sich der Verein inzwischen nicht mehr leisten. Finanzielle Unterstützung gibt es nicht allzu viel. Allerdings hat die Gemeinde Cybinka den Grund und Boden für das Museum zur Verfügung gestellt. Und als der Verein 2020 75 Jahre Ankunft der Polesier in Polen feierte, hat der Sejmik, das Parlament der Woiwodschaft Lubuskie, den Präsidenten des Vereins, den HNO-Arzt Wojciech Weryszko aus Słubice, der auch in Frankfurt (Oder) praktiziert, zum Ehrenbürger ernannt.

Auch Weryszkos Eltern waren vertrieben worden. So wie etwa 1,7 Millionen Polinnen und Polen, die zwischen 1944 und 1946 aus den Regionen ausgesiedelt wurden, die an die Sowjetunion gefallen waren und heute zur Ukraine oder zu Belarus gehören. Weit in den Westen führte ihr Weg, in einen wilden Westen, den die Kommunisten »wiedergewonnene Gebiete« nannten.

Tatsächlich handelte es sich um eine Westverschiebung der polnischen Grenzen. Die Eltern von Eugeniusz Niparko und Wojciech Weryszko waren mitverschoben worden.

Von der Landkarte verschwunden

Petelewo heißt das Dorf, aus dem Weryszkos Eltern stammen. Der Sohn hat ein Buch darüber geschrieben, über die eisigen Winter, die Eigenheiten der Sprache, die Erinnerungen an seine Familie. Das Dorf gibt es nicht mehr, es wurde aufgegeben, verschwand von der Landkarte. »Eine unwiederbringlich verlorene Geschichte« nennt Wojciech Weryszko Petelowo in seinem Buch.

Bereza gibt es noch. »Meine Eltern haben die alte Heimat schon in den Siebzigerjahren wieder besucht«, sagt Eugeniusz Niparko. Er selbst war seit den Neunzigern immer wieder dort. Doch allzu oft ist er inzwischen nicht mehr in Bereza. »Der Weg ist zu weit.«

Nicht so weit haben es die ehemaligen Bewohner von Balkow oder aus Ziebingen. Aus dem heutigen Cybinka sind viele nach dem Krieg nicht weiter nach Westen gezogen als bis nach Beeskow. Hinter die Oder an die Spree, in der Hoffnung, bald wieder zurückkehren zu können. »Die ehemaligen Bewohner von Balkow«, sagt Eugeniusz Niparko, »waren schon hier und haben sich das Museum angeschaut. Wir teilen als polnische und deutsche Vertriebene das gleiche Schicksal.« Einen Unterschied aber gibt es, hat er festgestellt. Anders als in Belarus sind die Friedhöfe der ehemaligen Bewohner in Polen oft zerstört. »In manchen Städten wie Zielona Góra (Grünberg) oder Krosno Odrzańskie (Crossen an der Oder) wurden aus den Friedhöfen Parks«, schüttelt er den Kopf.

Namenssuche in den Archiven

Inzwischen hat Eugeniusz Niparko auch in den Archiven geforscht. Hat die Namen derer zusammengetragen, die mit seiner Mutter am 2. November 1945 in Białków angekommen sind. »Wir wollen uns auf diesen einen Transport konzentrieren«, sagt Eugeniusz Niparko. All das soll in der Ausstellung gezeigt werden, wenn erst der zweite Waggon besorgt ist.

Zum Abschied führt Eugeniusz Niparko über seinen Hof. Zeigt die Motorradsammlung in einem Schuppen und das hölzerne Rad eines Fuhrwerks, das noch aus Polesien stammt. Niparko ist ein Sammler von Gegenständen und Geschichten. Hat er nicht Angst, dass sie irgendwann verloren gehen?

Eugeniusz Niparko lacht. »Meine Kinder werden hier bleiben, sie bleiben im Dorf und gehen nicht weg nach Berlin oder Warschau. Mit ihnen bleiben auch die Erinnerungen.«

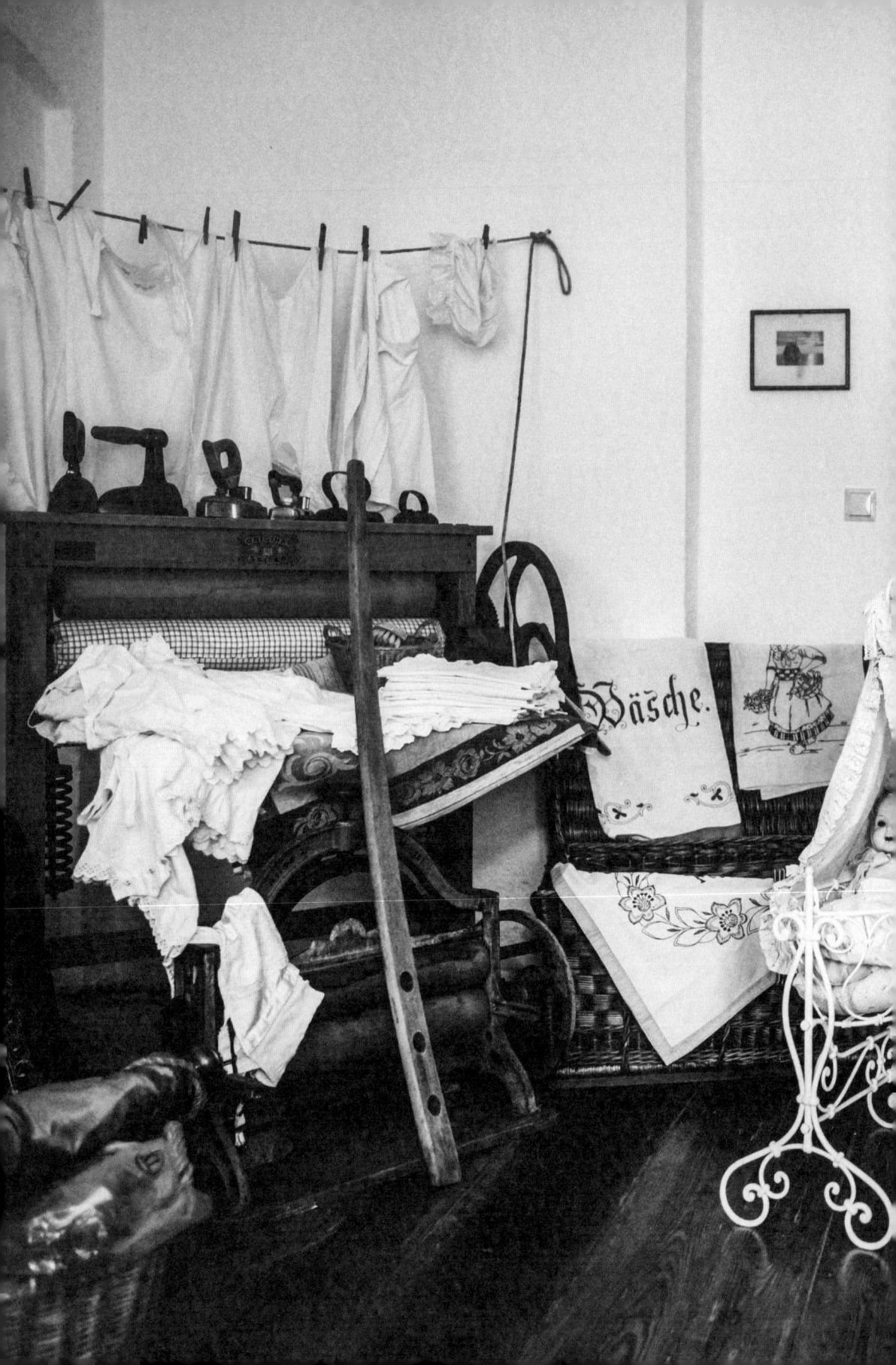

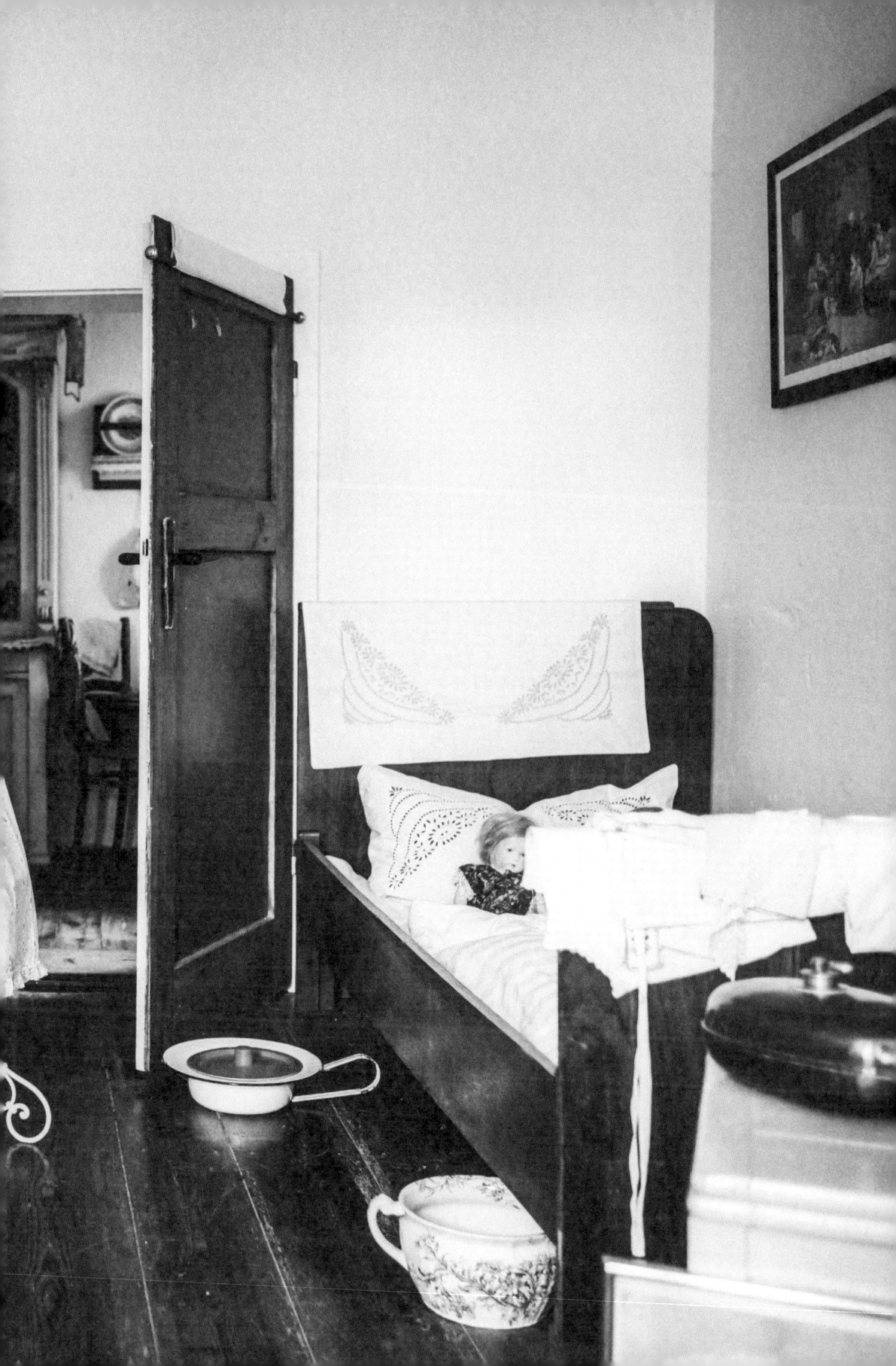

linke Seite:
Marlies Zibolsky ist in Neu Zittau
geboren. Heute leitet sie den
Heimatverein.

Neues Glück an der Spree

Henriette Brendler

An einem Freitagnachmittag im Sommer rollen die Autos im
Schritttempo durch Neu Zittau – eine in der Sonne glänzende
Schlange aus Wohnmobilen, Transportern und Kleinwagen mit
Berliner Kennzeichen. Fahrradtouristen und Radrennfahrer
mit verspiegelten Sonnenbrillen rasen vorbei und verschwin-
den hinter der nächsten Biegung. Ein Transit-Ort, so scheint es,
bis man die Spreebordstraße verlässt und der alte Ortskern ins
Blickfeld rückt: die Dorfkirche von 1763 und einige kleine Kolo-
nistenhäuser, die im Kern vor 270 Jahren gebaut worden sind.
Vor einem dieser Häuschen, an der grünen Tür neben dem
Schild mit der Aufschrift »Heimatstube«, wartet bereits
Marlies Zibolsky. Sie ist die Vorsitzende des Heimatvereins,
eine geborene Dietrich und gebürtige Neu Zittauerin, die viele
alte und neue Geschichten über ihren Ort zu erzählen weiß.
Etwa jene von dem Kriegs- und Domänenrat Johann Friedrich
Pfeiffer, der im Auftrag Friedrichs II. im 18. Jahrhundert mehr
als 100 Siedlungen gründete, darunter auch Neu Zittau, Geld
in die eigene Tasche wirtschaftete und dafür sechs Jahre inhaf-
tiert wurde.

Spinnerdörfer rund um
Berlin

Friedrich II. trieb zu dieser Zeit die Binnenkolonisierung in
dünn besiedelten Landstrichen Preußens voran – ein wichtiger Bestandteil seiner Politik, um den Staat wettbewerbs-
fähiger zu machen und die Versorgung der Armee zu gewähr-
leisten. Im Umkreis von Berlin sollten zunächst sogenannte
Spinnerdörfer entstehen, zur Etablierung der einheimischen
Textilwirtschaft. »Daran erinnert der Ortsname Neu Zittau,

denn die neuen Siedler sollten aus Zittau in der sächsischen Oberlausitz angeworben werden – einem Zentrum der Weberei«, erklärt Marlies Zibolsky. Der erste registrierte Untertan sei tatsächlich ein Zittauer gewesen, der Kürschner Johann Friedrich Neumann mit seiner Frau, die das Spinnerhandwerk beherrschte. Unter der Nummer 71 habe sich noch eine sechsköpfige Familie aus Zittau anwerben lassen. Weitere kamen nicht nach.

Der Name Neu Zittau blieb dennoch erhalten, auch wenn die Kolonisten aus anderen sächsischen Landesteilen, aus Württemberg und Böhmen herzogen. Das Angebot klang lukrativ: Jede Familie erhielt eine von 50 Doppelhaushälften als Wohnstätte, ein Stück Acker- und Gartenland sowie das Recht, eine Kuh, zwei Schweine und Federvieh zu halten. Der Dorfschulze war gemäß einer königlichen Instruktion vom 6. Februar 1753 dafür verantwortlich, das Material für die Spinner zu besorgen und die fertigen textilen Produkte nach Berlin zu bringen.

Ein sicheres Einkommen als Triebfeder

Welche Träume die ersten Neu Zittauer gehabt haben mögen, lässt sich heute nicht mehr feststellen. Die Aussicht auf ein eigenes Haus, ein sicheres Einkommen und Freiheit war sicherlich auch für diese Auswanderer die Triebfeder, um ihrer Heimat den Rücken zu kehren.

Aber der Plan ging nicht auf. »Der Dorfschulze besorgte beispielsweise schlechte Wolle aus Berlin und das Garn wurde dann nicht abgenommen. In einem anderen Fall überlebten zwar die extra angepflanzten Maulbeerbäume, nicht aber die Seidenraupen«, erzählt Marlies Zibolsky. In friedlichen Zeiten sei außerdem weniger Tuch für Uniformen benötigt worden. Ein weiteres Problem: Das Spinnen war vor allem Frauenangelegenheit und brachte nur einen geringen Lohn ein. Die Männer verdingten sich oft hauptberuflich als Tagelöhner. Wie schwierig die Lage gewesen sein muss, zeigt ein Blick in die Neu Zittauer Chronik. Von 91 Familien, die seit 1752 angesiedelt worden waren, verließen acht mit königlicher Genehmigung rasch wieder den Ort. 30 Familien zogen ohne Erlaubnis davon.

Die Eltern von Marlies Zibolsky – der Vater aus Beeskow, die Mutter aus dem Vogtland stammend – hatten vor 70 Jahren auch ihre Träume: Als frisch ausgebildete Neu-Lehrer wollten sie gern in Berlin eingesetzt werden. »Da war aber alles voll, also wählten sie einen Ort, der wenigstens in der Nähe der Großstadt lag, und wurden in Neu Zittau heimisch«, berichtet die 69-Jährige.

Baden im Sommer, im Winter Schlittschuhlaufen

Die Kindheit in dem einstigen Kolonistendorf sei schön gewesen. »Im Sommer haben wir uns immer an der Spree bei der Brücke zum Baden getroffen, im Winter waren wir Schlittschuhlaufen auf den überschwemmten Wiesen.«

Die Spree und Neu Zittau – eine Verbindung, die auch den ersten Siedlern Glück gebracht hat. Eigentlich waren die Kolonistendörfer wegen des Materialtransportes von und nach Berlin am Fluss gegründet worden. 1768 wagten jedoch sechs Kolonisten den Schritt und stiegen ins Transport- und Schifferwesen ein. Mit der Beförderung von Kohle aus Oberschlesien, von Rüdersdorfer Kalkstein, Blei und Zink ließ sich mehr Geld verdienen als mit der Spinnerei.

»Das Schiffergewerbe etablierte sich schnell und brachte den Wohlstand nach Neu Zittau. 1803 gab es bereits 17 Schiffer, 1889 gründete sich die Schifferinnung mit 67 Mitgliedern. Das Dorfleben veränderte sich dadurch«, erzählt Marlies Zibolsky mit einem Blick in die Dorfchronik. Die Spree sei 41 Wochen im Jahr schiffbar gewesen. Überwintert hätten die Schiffer dann zu Hause bei den Familien. Legendär seien die Schifferbälle gewesen, bei denen das ganze Dorf mitgefeiert habe.

Gründung einer Schifferschule Die besten Schifferjahre endeten zwar mit dem Bau des Oder-Spree-Kanals, aber dennoch machte Neu Zittau 1897 erneut durch die Gründung einer Schifferschule von sich reden. »Schiffergesellen oder Lehrlinge erwarben hier ihr Schiffspatent. (…) Ende März fanden die Prüfungen statt. Wer sie bestand, bekam das Oder-, Elbe- oder Rheinschiffahrtspatent«, heißt es im Chronikheft anlässlich des 250. Gründungsjubiläums.

Als sich Marlies Zibolsky im jugendlichen Alter für eine berufliche Laufbahn entscheiden musste, dachte sie wie die meisten jungen Leute in Neu Zittau: ›Ich will nach Berlin‹. Bis in die 1980er-Jahre arbeitete sie dort in der EDV-Abteilung der Deutschen Reichsbahn. Eine Familie gründete sie allerdings in ihrem Heimatdorf. »Es gab ja nicht viele Arbeitsplätze hier, ein bisschen Landwirtschaft und kleine Betriebe. Dass die meisten Neu Zittauer nach Berlin zur Arbeit pendeln, hat sich bis heute nicht geändert.«

Von der Politik in die Buchhaltung 1986 verlagerte sich Marlies Zibolskys Berufsleben dann aber doch nach Neu Zittau. Sie ging in die Politik. Mit Anfang 30 wurde sie stellvertretende Bürgermeisterin und von 1988 bis 1990 nach Gosen beordert. »Die Wendezeit war die aufregendste Zeit meines Lebens«, erinnert sich die Neu Zittauerin. Und dennoch musste sie sich nach dem Fall der Mauer ein Stück weit neu erfinden. Der Politik kehrte sie den Rücken, lernte neu dazu und arbeitete bis zum Renteneintritt in einem Buchhaltungsbüro in Woltersdorf.

Dass sie bei der Gründung des Heimatvereins im Jahr 2000 mit von der Partie war, ist wohl kein Zufall, denn wer Marlies Zibolsky zuhört, merkt schnell, dass ihr Neu Zittau am Herzen liegt und sie sich gern für die Bewahrung der Geschichte und alter Objekte aus dem Dorfleben einsetzt. Die Heimatstube wurde zum 250. Geburtstag Neu Zittaus 2003 in einem ehemaligen Kolonistenhaus eingerichtet. Beim Rundgang ist

rechte Seite:
Die Heimatstube ist in einem der ehemaligen Kolonistenhäuser untergebracht.

Preußische Binnenkolonisierung – Neu Zittau

26

noch heute die ursprüngliche Raumaufteilung erkennbar: zwei Stuben, zwei Küchen, zwei Kammern, von denen eine gerade mal 5,8 Quadratmeter groß ist, und zwei kleine Ställe an den Außenwänden.

Exponate vom Dachboden Viele Menschen folgten dem Aufruf und brachten Exponate vom Dachboden in die von der Gemeinde hergerichteten Räume. Vereinsfahnen von 1903 und 1911 sind darunter, Spinnräder, Küchengeräte, altes Spielzeug und historische Fotos. Auf dem Klavier in der ehemaligen Stube steht das Modell eines Kahns. Das lange Boot nimmt die gesamte Fläche ein und lässt erahnen, wie es vor 150 Jahren auf der Spree zugegangen sein muss. »Als wir das Modell von einer alteingesessenen Familie bekommen haben, hat sich der Verein sehr gefreut, denn die Schifffahrt hat uns reich gemacht«, sagt Marlies Zibolsky nicht ohne Stolz in der Stimme.

Der Heimatverein versucht, die Neu Zittauer Alltagsgeschichte lebendig zu halten. Die 13 Vereinsmitglieder und Freiwillige aus dem Ort sichern jeden Sonntagnachmittag die Öffnungszeiten ab, die Kindergartenkinder kommen vorbei und lernen, was ein Museum ist. Und gestrickt wird auch das ganze Jahr über. Bunte Socken, Handschuhe und Mützen stapeln sich in Plastikkisten in einer Ecke des Raumes. »Die Sachen werden auf dem Weihnachtsmarkt verkauft.« An der Organisation des Marktes im historischen Ortskern, an der Stelle, wo einst der Dorfkrug stand, ist der Heimatverein ebenfalls beteiligt. »Wenn wir Unterstützung brauchen, wie nach dem Wasserschaden 2022, dann helfen viele aus dem Dorf, auch wenn sie nicht Vereinsmitglieder sind«, berichtet Marlies Zibolsky.

Mit dem Wohnwagen auf Reisen Sie hat es nicht bereut, Neu Zittau nie den Rücken gekehrt zu haben. Auch die beiden erwachsenen Söhne und ihre Enkelkinder sind in der näheren Umgebung geblieben.

Nur ab und an zieht es die Rentnerin und ihren Mann in die Ferne. Dann gehen sie mit dem Wohnwagen auf Reisen. Am Ende kehrt Marlies Zibolsky immer wieder gern in ihr Heimatdorf zurück, in das kleine Kolonistenhaus mit dem Feldsteinfundament, in dem sie seit vielen Jahren wohnt.

vorherige Seiten:
Überreste einer Schießanlage der
sowjetischen Armee bei Fürstenwalde

linke Seite:
Bernd Heinze am ehemaligen
Tanklager der Roten Armee im Wald
bei Berkenbrück

Von »Freunden« besetzt

Ruth Buder

Bernd Heinze hat sie erlebt: die Russen. Direkt vor seiner Haustür in Berkenbrück. »Russen« zu sagen war verpönt in der DDR. Zu negativ belastet. Der gefährliche Russe, der schreckliche Iwan, das kannte man noch aus der Nazizeit. Aber auch, weil es geografisch falsch war: Schließlich stammten die siegreichen Soldaten der Roten Armee, die mit den Westmächten Hitler in die Flucht geschlagen und nach dem Ende des Zweiten Weltkrieges den Osten Deutschlands besetzt hatten, aus der UdSSR, der Union der Sozialistischen Sowjetrepubliken. Von dort kamen Georgier, Usbeken, Aserbaidschaner, Ukrainer und natürlich auch Russen.

22 Wohnhäuser im Dorf beschlagnahmt

Nun regierten sie in Berkenbrück. »Die meisten lebten, zumindest in den ersten Jahren nach 1945, in heute noch sichtbaren Senken im Wald, wo sie in ausrangierten Fahrzeugteilen schliefen. Und sie hatten 22 Wohnhäuser im Dorf beschlagnahmt«, erzählt Heinze. An die Eigentümer der Wohngrundstücke mussten die Besatzer Miete zahlen, nachzulesen in zahlreichen Dokumenten des Kreisarchivs. Zunächst 90 Prozent der ortsüblichen Miete, ab dem 1. Januar 1958 nur noch 60 Prozent. Die »Neufestsetzung der Mieten« wurde mit einer »Verwaltungsvereinfachung« begründet: Die Besatzer zahlten weniger, sollten dafür aber die Grundstücke selbst in Ordnung halten. Die betroffenen Hauseigentümer in Berkenbrück wurden darüber im Dezember 1957 in Kenntnis gesetzt, höchste Stellen hatten dafür den kommunalen Behörden »Musterbriefe« mit einer einheitlichen Argumentation zukommen lassen. Die

Berkenbrücker waren »mit dieser Regelung nicht einverstanden«, wie man in einem Schreiben des Ortsausschusses der Nationalen Front an den Rat des Kreises vom 4. Januar 1958 nachlesen kann. Die Beschwerde blieb ohne Erfolg.

»Die Russen mochten Kinder«

Zu dieser Zeit war Bernd Heinze fünf Jahre alt, bekam also bewusst von dem Frust der Betroffenen in Berkenbrück nichts mit. Aber er erinnert sich an Alltäglichkeiten wie diese: Mit Tante Lehmann, der Nachbarin, ist er öfter mit einer Schüssel oder einem Topf zu den Russen gegangen, um sich Suppe und Brot zu holen. Denn hinter seinem Wohnhaus standen sie mit Gulaschkanonen, in denen auch Brot gebacken wurde. »Zuerst war ich ja ganz ängstlich, sie haben so komisch gerochen. Aber dann hieß es immer ›маленький, маленький‹, und ich wurde zutraulicher. Die Russen mochten Kinder«, erinnert sich der heute 70-Jährige. Aus »Russen« wurden staatlich verordnete »Freunde«.

Heinze weiß noch genau, wie er als Junge mit den Soldaten auf dem hölzernen Wachturm Abzeichen tauschte und ihnen mit seinen Freunden das Radfahren beibringen wollte. »Das konnten die nicht, und wir Jungs haben uns amüsiert, wenn sie immer wieder hingeflogen sind.« Manchmal drehten die Soldaten den Jungs auch eine махорка aus der Правда, wenn sie in den Waggons auf dem Abstellgleis am Bahnhof in Berkenbrück auf die Weiterfahrt warteten.

Tanklager und Feuerwehrdepot im Wald

In den zwölf Jahren, in denen die sowjetischen Besatzer in Berkenbrück, Tausende Kilometer entfernt von ihrer Heimat, lebten, waren ganze Straßen im Ort gesperrt. »Nach Fürstenwalde kam man eine Zeitlang nur über die Autobahn oder über Feldwege. Wer im Reifenwerk in Fürstenwalde gearbeitet hat, fuhr in den 1950er-Jahren mit dem Fahrrad oder ging zu Fuß entlang der Autobahn bis zum Werk«, sagt Heinze. Das ging solange, bis der Anwohner Richard Rasch am 25. Februar 1956 eine Eingabe an den ersten Präsidenten der DDR, Wilhelm Pieck, machte. »Am 6. März 1957 wurde die Straße nach Fürstenwalde wieder geöffnet. Im gleichen Monat zog die in Berkenbrück stationierte Einheit nach Wilmersdorf bei Beeskow, ein Teil ins Tanklager.« Die »Freunde« kamen in Heinzes Reichweite. Zwischen Fürstenwalde und Berkenbrück errichteten sie im selben Wald, den schon die Wehrmacht als Pionierübungsplatz nutzte, ein großes Tanklager und ein Feuerwehrdepot. Teile davon sind heute noch zu sehen.

Unterkünfte hinter Stacheldraht

Das 47 Hektar große Tanklager-Areal gehörte zur Garnison Fürstenwalde, das in den Unterlagen der Sowjets als »Militärstädtchen 18« bezeichnet wurde. Der Ort war quasi von der Roten Armee umzingelt, 16 Liegenschaften auf insgesamt rund 500 Hektar hatte sie konfisziert, 350 Wohnungen mit ihren Familien belegt. Was genau in dem Tanklager unmittelbar neben Berkenbrück vorging, konnte Bernd Heinze

nur ahnen, denn über den hohen Stacheldrahtzaun kam auch
er nicht. Unterkünfte befanden sich dahinter, Versorgungs-
einrichtungen sowie ein großes Tanklager für Kraftstoffe und
Öle mit Bahnanschluss. Erst Anfang der 1990er-Jahre, als es
zum Konversionsgebiet erklärt worden war, kamen in dem
Areal, das 300 Meter nordöstlich an ein Trinkwasserschutzge-
biet grenzt, ein »Pipelinenetz in offenen Gräben« sowie über
600 Unterflur- und über 40 Oberflurtanks zutage. 15 Prozent
der Fläche waren versiegelt, der Boden war stark kontaminiert.
Noch heute erzählen sich die Alten in Berkenbrück Geschichten
wie diese: Einmal hatten die Sowjets ihren Regulierer vergessen,
ein Soldat, der während einer Übung dem Fahrzeugtross die
Richtung anzeigte. »Er schlief dann in der Bushaltestelle, und
die Berkenbrücker haben ihn eine Woche lang versorgt«, erzählt Heinze. Auch den Unfall im Januar 1987 hat er natürlich
nicht vergessen: Ein Fahrschüler der Garnison hatte die Kontrolle über seinen Wagen verloren und war im Ort, 300 Meter
von Heinzes Haus entfernt, mit voller Wucht gegen dessen
Wartburg geprallt. »Das Auto war schrottreif und ich hätte
tot sein können.«

»Freundschaftsangeln« mit den Offizieren

Heinze glaubt, der Unfall sei nur passiert, weil der Fahrschul-
lehrer auf den Soldaten am Steuer eingeschlagen hat. »Die
Offiziere sind mit ihren Soldaten nicht freundlich umgegan-
gen. Da ist öfter mal einer abgehauen und wurde brutal einge-
fangen. Die wurden hart bestraft, bestimmt ist auch der eine
oder andere erschossen worden. Wenn die russischen Soldaten zu Fußball- oder Volleyballturnieren zu uns ins Dorf gebracht wurden, durften sie im Anschluss nicht bleiben und
mitfeiern. Es sollten ja keine zwischenmenschlichen Kontakte entstehen.« Beim »Freundschaftsangeln« mit den Offizieren auf der Spree war das anders. Die endeten nach mehreren
СТО ГРАММ (100 Milliliter Wodka) feuchtfröhlich, manchmal
sogar im Delirium. »Wir waren so gut wie tot, und die Russen
standen wie 'ne Eins.« Bei den Treffen hat der passionierte
Angler Heinze von den »Freunden« nicht nur ein paar Vokabeln gelernt, sondern auch, wie man beim Eisangeln die meisten Fische fängt: mit einem Мормйсцхка, einem speziellen
Köder. Heute kann man ihn im Internet kaufen.
Die »Freunde« haben sich mitunter auch nützlich gemacht.
»Unser Bürgermeister Willi Jotter hatte einen heißen Draht
zum Kommandeur. Eine Abordnung kam nicht nur zum 1. Mai
oder zum Tag der Befreiung, mit ihrer Hilfe ist auch der Rodel-
berg an der Spree entstanden«, erzählt Heinze. Als die Spree
ausgebaggert worden sei, habe man nicht gewusst, wohin mit
dem Sand: »Da halfen die Russen mit einer Raupe.« Ohne-
hin hatte Berkenbrück auch eine ziemlich aktive Ortsgruppe
der Deutsch-Sowjetischen Freundschaft, wie man im Kreis-
archiv nachlesen kann. Im Arbeitsplan von 1983 heißt es dazu:

Mit dem Чайка zum
Heinersdorfer See

»Freundschaftliche Beziehungen mit dem Tanklager weiter
ausbauen und festigen, Lichtbildervorträge über die Sowjetunion, gemeinsame Besuche von Museen und Freundschafts-
treffen zwischen Lenin- und Thälmannpionieren.« Denn zur
Schule gingen die Kinder der Besiegten und der Sieger nicht
zusammen – die Besatzer hatten in Fürstenwalde eine eigene
Schule, die 83. Sowjetische Mittelschule in der Gartenstraße.
Auch als Erwachsener hatte Bernd Heinze immer Kontakt zu
den »Freunden«. Er arbeitete als Baufacharbeiter und in den
1970er-Jahren als Gerüstbauer beim größten Fürstenwalder
Baubetrieb BMK Ost. Dort war es Pflicht, die deutsch-sowjetische Freundschaft hoch zu halten. Da musste auch mal die
Sauna in der Garnison in Fürstenwalde saniert werden. Und
so kam es, dass der umtriebige und mit allen Wassern gewa-
schene Bernd Heinze den Kommandanten persönlich kennen-
lernte. »Ich war mit Алексей befreundet. Er besorgte mir aus
dem магазин schon mal ein paar schöne Kristallgläser für die
Frauen. Und zum Eisangeln an den Heinersdorfer See wurde
ich manchmal mit dem Чайка abgeholt.« Stolz ist er auch auf
seine Auszeichnung als »verdienter Aktivist«, an der eine vier-
wöchige Reise mit dem sogenannten Freundschaftszug in die
Sowjetunion hing. Heinze glaubt, die Reise habe er bekommen,
weil er an der Unterdruckkammer im Sportzentrum Kienbaum
mitgebaut hat, in der die Sportler für die Olympischen Spiele
in Moskau (1980) trainierten.
Dann kam die politische Wende … Anfang der 1990er-Jahre
waren die Russen auf einmal »sang- und klanglos weg«, erzählt
Heinze. Es habe keine Verabschiedung und später auch keine
Kontakte gegeben. Nicht mal zu Алексей.

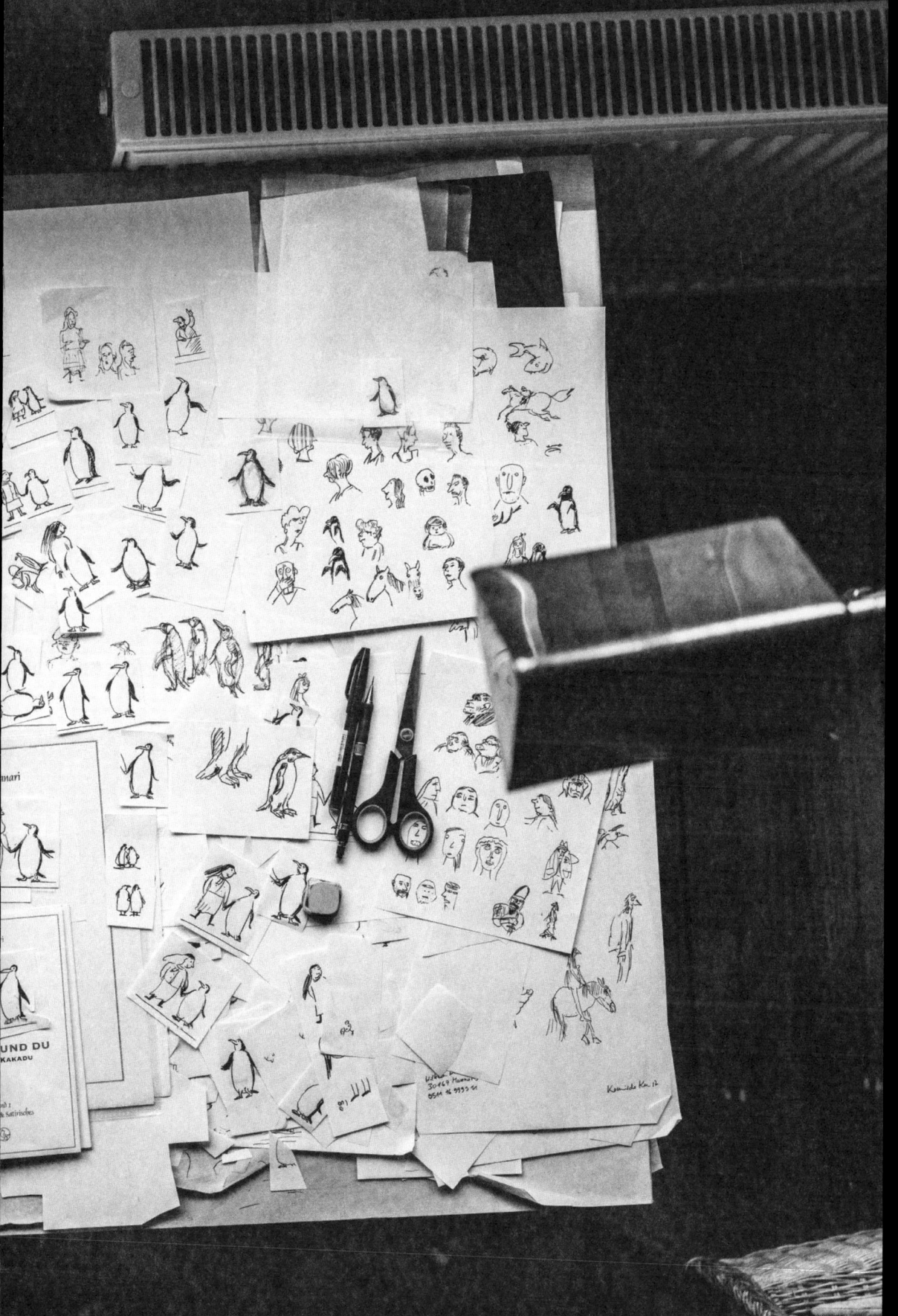

vorherige Seiten:
Skizzenblätter im Atelier der
Woltersdorfer Künstlerinnen Maria
Sibylla Ponizil und Johanna
Görke-Cassirer

linke Seite:
Von Ost nach West und wieder zurück:
Maria Sibylla Ponizil (l.) und Johanna
Görke-Cassirer

Zu Hause in der Sargtischlerei

Uwe Stiehler

Da gibt es dieses grüne Tor, so groß wie eine Hauswand. Davor rumpelt Woltersdorf vorbei mit seinem Autoverkehr und seiner alten Straßenbahn. Hinter diesem Tor aber atmet das Leben anders, atmet ruhiger, leiser, vielleicht auch ein bisschen heiterer. Gleich hinterm Haus grüßt ein kleiner Garten. Dahinter schießt eine Werkstatt in den Himmel, neben ihr duckt sich ein lichtes Atelier, zwischen diesen Gebäuden führt eine schmale Treppe ums Eck und nach oben. Eine Wiese, Bäume, hinter dem Zaun geht's runter zum Wasser. Die Künstlerinnen Johanna Görke-Cassirer und Maria Sibylla Ponizil haben dies hier zu ihrem Lebensort gemacht. Als wäre das schon immer der Plan gewesen. War es aber nicht. Vor 40 Jahren hatten sie das Haus und das Land, in dem sie lebten, verlassen. »Unter Druck« sagen sie. Die Widernisse, mit denen sie in der DDR zu kämpfen hatten, hätten ihnen letztlich keine andere Wahl gelassen, als einen Ausreiseantrag zu stellen. Eine Rückkehr schien lange ausgeschlossen. Und doch sind sie wieder hier.

Von Danzig nach Konstantinopel Kommen und Gehen – das wurde Teil ihres Lebens und ist Teil ihrer Familiengeschichten. Johanna Görke-Cassirers Vorfahren waren von Danzig nach Konstantinopel und Griechenland ausgewandert. Ihre Mutter Lilly Görke stammte aus der berühmten jüdischen Familie Cassirer, deren Angehörige aus Nazi-Deutschland fliehen mussten und deren Nachkommen heute über die ganze Welt verstreut sind. Lilly Görke aber blieb, weil sie sich bei der Gräfin Finckenstein verstecken konnte. Nach dem Krieg ging sie mit zwei ihrer drei Töchter vom Westen, wo sie wegen ihrer Kritik an der Wiederbewaffnung der Bundesrepublik beruflich kaltgestellt wurde, in den Osten, wo sie als Mathematikprofessorin Karriere machte. Mit ihren Lehrbüchern wurde sie eine gesamtdeutsche Berühmtheit.

Ihre Tochter Johanna aber zog es, dem Beispiel des Vaters folgend, zur Kunst. Sie studierte von 1961 bis 1966 in Berlin-Weißensee und konnte sich danach schnell im Kunstbetrieb etablieren. Arbeiten von ihr befinden sich heute unter anderem in der Nationalgalerie Berlin, den Staatlichen Museen Schwerin, den Staatlichen Kunstsammlungen Dresden, im Brandenburgischen Landesmuseum für Moderne Kunst und im Schaudepot Beeskow des Museums Utopie und Alltag.

Grundstück mit großzügigen Arbeitsräumen Nach ihrem Studium ließ sich Johanna Görke-Cassirer im Bezirk Frankfurt (Oder) nieder. In Woltersdorf bei Berlin fand sie eine Möbel- und Sargtischlerei, in der sie Rahmen für ihre Bilder suchte. Der alte Meister war gestorben und der Betrieb stand vor dem Aus. Die Witwe wollte Haus und Werkstatt abstoßen, weil so ein Immobilienbesitz in der DDR vor allem lästig war. Furchtlos übernahm Johanna Görke-Cassirer das Grundstück, das ihr großzügige Arbeitsräume bot. So hatte sie zu ihrem Haus gefunden und krempelte die Ärmel hoch. Sie zeigt auf eine der Außenmauern der alten Werkstatt: »Die Wand da habe ich selbst verputzt.«

Ende der 1970er-Jahre lernte sie im Frankfurter Bezirksverband der bildendenden Künstler die Malerin und Grafikerin Maria Sibylla Ponizil kennen. Die junge Frau hatte gerade ihr Studium an der Leipziger Hochschule für Graphik und Buchkunst abgeschlossen und war im Zuge der Absolventenlenkung in den damaligen Bezirk Frankfurt (Oder) gekommen. »Sie war mir aufgefallen«, sagt Johanna Görke-Cassirer. »Ihre Arbeiten waren anders, stachen heraus, hatten eine besondere Qualität.«

Die Malerei im Blut Man könnte sagen, Maria Sibylla Ponizil hatte es im Blut. Ihr Vater Karl Ponizil, dessen Familie aus Prag stammte, hatte in Budapest Malerei studiert und sich im kunstsinnigen Dresden niedergelassen. Er überlebte mit seiner Frau die Einäscherung Dresdens. Ihre Wohnung in der Nähe der Frauenkirche, ihre Habe, ihre Papiere — alles war verbrannt. Die beiden blieben nach Kriegsende in der zerstörten Stadt, und Maria Sibylla Ponizil wuchs dort in einer Familie auf, die irgendwie schief eingebaut war in die sozialistische Gesellschaft. Die aus Schlesien stammende Mutter hielt im protestantisch geprägten, aber immer atheistischeren Sachsen streng an ihrem katholischen Glauben fest. Die Eltern galten zunächst als staatenlos, weil sie keine Papiere mehr besaßen. Wegen des stalinistischen Kurses, den die DDR in den 1950er-Jahren einschlug, hatten sie es mit der Einbürgerung nicht eilig. Diese Renitenz machte es Karl Ponizil allerdings auch schwer, als Maler Fuß zu fassen.

Seine Tochter zog es bereits im Teenager-Alter ernsthaft zur Kunst. Nach dem Studium also Brandenburg. Maria Sibylla Ponizil etablierte sich als Buchillustratorin, mit Arbeiten im öffentlichen Raum, als Malerin, Grafikerin und Gründungsmitglied der »Kleinen Galerie« in Eberswalde. 1982 wurde sie eingeladen, sich an dem Projekt »Prometheus 82« zu beteiligen. Zu Goethes 150. Todestag hatte der Kulturbund der DDR die Idee, eine vielstimmige Ode auf einen modernen Prometheus zu veröffentlichen. An dem Mappenwerk beteiligten sich Größen wie Wieland Förster, Willi Sitte, Wolfgang Mattheuer und Dieter Goltzsche. Weil sich »Prometheus 82« – was in der Natur der Sache lag – vor allem mit dem Scheitern des Helden und gescheiterten Visionen auseinandersetzte, statt mit frohgemutem Materialismus in die Zukunft zu schauen, wurden Mappe und Ausstellungen dieses Projektes sofort eingezogen und untersagt. Während das der Reputation der Professoren Förster, Sitte und Mattheuer nicht schadete, begannen für Maria Sibylla Ponizil die Probleme. Im Verlaufe der nächsten zwei Jahre hatte sie mit Ausstellungsverboten und Zurücksetzungen zu kämpfen.

Im Visier der Staatssicherheit Zur gleichen Zeit geriet ihre Partnerin ins Visier der Staatssicherheit, weil sie Rainer Eppelmanns und Robert Havemanns »Berliner Appell: Frieden schaffen ohne Waffen« an Bekannte weitergegeben hatte. Stasi-Leute holten Johanna Görke-Cassirer morgens wie eine Verbrecherin aus dem Haus und fuhren sie zum Verhör nach Frankfurt (Oder). Landesverrat wurde ihr vorgeworfen. Sie konterte: Sie habe die DDR immer für einen Staat gehalten, der für den Frieden eintritt. Deshalb sei ihre Mutter damals auch in die DDR geflohen. »Dann drohten sie mir mit zwölf Jahren Gefängnis und gaben mir deutlich zu verstehen, wenn ich in den Westen gehen wollte, würden sie mir keine Steine in den Weg legen.«

Also packten die beiden Künstlerinnen 1984 ihre Sachen und verließen Woltersdorf. Haus und Hof hatte Johanna Görke-Cassirer vorher ihrer Schwester überschrieben und kam damit einer kalten Enteignung zuvor. Sie gingen zuerst nach West-Berlin, wo ein Teil von Johanna Görke-Cassirers Familie lebte. Nur fanden sie dort keine Arbeit, von der sie leben konnten. Sie zogen weiter nach Bremen, dann nach Blomberg bei Detmold. Das Gut Johannettental, eine Behinderteneinrichtung, die heute zur Lebenshilfe Detmold gehört, engagierte sie als Kunstpädagoginnen und gab bei ihnen ein Wandbild in Auftrag. Von Blomberg aus knüpften die Frauen Kontakt zum benachbarten Schwalenberg, das damit begonnen hatte, sich der Geschichte seiner Künstlerkolonie zu entsinnen, und zur Kulturszene von Bielefeld. Sie arbeiteten mit dem weithin berühmten Bielefelder Puppentheater zusammen. »Die Kulissen, die wir damals gebaut haben, werden heute immer noch benutzt.«

Ein Gefühl von Freiheit und Weite

Sie waren endlich angekommen, konnten arbeiten, genossen es, quer durch Europa zu reisen und ein Gefühl von Weite und Freiheit auszuleben. Johanna Görke-Cassirer: »Es war schon die Härte, dass die Welt in der DDR so verengt war.« Das Budget für diese Touren war sehr knapp. Aber sie wollten unbedingt nach Italien, Frankreich, England, um jene Kunstwerke und Museen zu besuchen, die für sie eben noch unerreichbar schienen.

So mieteten sie sich beim Gutsherrn Meier zu Beerentrupp ein und bezogen eine ganze Etage in einem seiner Gutshäuser. Platz für ihre Kunst hatten sie jetzt genug. Doch als der Senior starb, mussten sie das Haus räumen. Die Frage war, bleiben oder gehen? Die Mauer war inzwischen gefallen. Der Rückweg nach Woltersdorf stand offen, andererseits waren sie seit zwölf Jahren andernorts verankert. Schließlich entschieden beide, zurückzugehen. Mit welchem Gefühl kamen sie wieder? »Wir waren euphorisch. Wir haben in Woltersdorf eine Perspektive für uns gesehen«, sagt Maria Sibylla Ponizil.

Der erste Eindruck allerdings war ernüchternd: Ihr Grundstück war zugemüllt, die Gebäude hinfällig, vieles war kaputt, der lange Schatten der DDR hing noch überm Ort. »Und die Stasi-Leute waren auch noch da.« Die beiden Frauen haben entrümpelt, gemauert und hatten hilfsbereite Menschen um sich herum. 27 Jahre später ist das hier ein verstecktes Paradies, ist ihr Leben eingebettet in diesen freundlichen Ort, an dem jede von ihnen ihr eigenes Atelier hat. Getrennt zu arbeiten, sagen sie, müsse sein. Jede brauche ihren eigenen Raum, wo sie unabhängig voneinander die Eindrücke ihrer Reisen verarbeiten oder die Komik im Ernst des Lebens offenbaren. Maria Sibylla Ponizil hat Letzteres in ihren Farbcollagen perfektioniert. Wir begegnen da Engeln, Urtieren und lichtscheuen Gestalten beim Rendezvous im Himmel, unter rosa Wölkchen oder in krimineller Mondscheinatmosphäre.

Mörderinnen, Aktmodelle und ein Kohlrabi

»Ohne Humor«, sagen sie, »geht gar nichts.« Und so haben sie vor einigen Jahren schon festgestellt, dass sie auf diesem Gebiet etwas Gemeinsames schaffen können: Gedichte – gern schwarzhumorig – und die passenden Zeichnungen dazu. Erschienen sind sie unter dem gemeinsamen Pseudonym Josi Canari bisher in drei »Gute-Laune-Büchern«, die sich neben anderen zeitgeschichtlich relevanten Themen unter anderem mit Mörderinnen, Aktmodellen und einem Kohlrabi befassen. Die beiden Künstlerinnen, die in den vergangenen Jahren an gewichtigen Ausstellungen in Brandenburg mitgewirkt haben, bekennen sich auch zu dieser Form der heiteren Muse: »Unser Motto«, sagen sie, »bleibt: Mut, Leichtigkeit und Tiefe.«

rechte Seite:
1984 mussten die Künstlerinnen ihr Haus in Woltersdorf verlassen – nach der Wende kehrten sie zurück.

linke Seite:
Pedro Chibule kam 1981 nach
Deutschland, um eine Ausbildung als
Forstfacharbeiter zu machen.

Vertragsarbeiter aus Mosambik – Müllrose

45

Ein Stück Brandenburg gepflanzt

Tina Veihelmann

Die Geschichte von Pedro Chibule ist eine sehr brandenburgische Geschichte. Sie beginnt mit dem brandenburgischen Wald. In Müllrose nah am Campingplatz gibt es ein Waldstück mit hohen, gerade gewachsenen Kiefern. Pedro Chibule ist mit mir dorthin gefahren, um mir die Bäume zu zeigen, die er vor 40 Jahren gepflanzt hat. Damals waren sie noch klein wie ein Daumen. Jetzt sind sie hoch. Die Stämme kahl. Um die Kronen zu betrachten, muss man den Kopf leicht zurücklegen.

Im Jahr 1981 flog Pedro von Mosambik in die DDR, um vier Jahre lang als Vertragsarbeiter eine Ausbildung als Forstfacharbeiter zu machen. 41 junge Männer, alle etwa zwischen 18 und 20, kamen dazu nach Müllrose in den staatlichen Forstwirtschaftsbetrieb. Pedro kam aus Maputo, der Hauptstadt von Mosambik, aus einer Familie mit fünf Kindern. »Forstarbeit«, sagt er, »war nicht mein Traumberuf. Eigentlich wäre ich lieber Automechaniker geworden wie mein Vater. Aber in diesem Alter denkt man nicht so sehr an später, sondern lebt stärker in der Gegenwart.« In der Gegenwart, damals, interessierte ihn vor allem, ins Ausland zu gehen. Die Welt zu sehen. Warum nicht die DDR?

Gemeinsame Bewerbung mit den Kumpels

Die Idee hatte er mit Kumpels gemeinsam. Gemeinsam bewarben sie sich und wurden genommen. Das Vertragsarbeiterprogramm versprach eine Fachausbildung, um das sozialistische Mosambik, das gerade die portugiesische Kolonialherrschaft abgeschüttelt hatte, beim Aufbau zu unterstützen. Pedro hatte als einziger der Jungs als Fremdsprache Deutsch gehabt, deshalb sollte er als Sprachmittler fungieren. Aus diesem Grund kam er als erster von allen allein in Müllrose an.

Pedro begutachtet seine Bäume. Sie haben damals unheimlich viel neu gepflanzt. Zwischen 1.000 und 5.000 junge Bäume waren die Tagesnorm. »Kahlschlag, Neuaufforstung war damals die forstliche Formel«, sagt Pedro. Kahlschlag, Neuaufforstung erlernte Pedro, für das sozialistische Bruderland. Wo alte Kiefern standen, wurde großflächig geschlagen, dann wurde neu gepflanzt. Pedro erklärt mir, wie das lief: Man pflanzte eng, und sowie die Bäume größer wurden, entnahm man immer wieder Bäume. »So ein Wald braucht viel Pflege, bis er ein richtiger Wald geworden ist.« Zu DDR-Zeiten hieß das, dass der Wald beständig aufgeräumt wurde. Alles wurde verwertet. Nicht nur die dicken, geraden Stämme, sondern auch die dünnen und krummen. Eben alles. In schwerer handwerklicher Arbeit, die Pedro noch beherrscht, junge Forstfacharbeiter heute aber nicht mehr können, haben sie dünne Stämme und Reisig in drei Meter langen, metallenen Gestellen gepresst, die mit Draht umwickelt wurden. Die gepressten Bündel nannte man Faschinen. Man verwendete sie zur Befestigung von Uferböschungen.

Mehr Unfälle als heute Während wir stehen und reden, parken Ausflügler, schlagen Autotüren zu, gehen Richtung See und scheinen Pedros Wald überhaupt nicht wahrzunehmen. Die Mücken stechen, und ich bekomme eine Ahnung davon, wie schwer Forstarbeit noch vor 40 Jahren war. Es gab Pferde, um Stämme zu »rücken«. Es gab mehr Unfälle als heute. Es gab einen riesigen Holzplatz, wo die Stämme geschält und per Schiene abtransportiert wurden. Heute werden die Stämme mit LKWs abgefahren. Jeder Abnehmer schickt seine eigenen Transporter. »Nach heutiger Auffassung wird Holz nach und nach geerntet«, erklärt mir Pedro. Die Reihen sind nicht mehr so recht gerade, deshalb. Er weist mit dem Arm, wie die Reihen verliefen, als sie noch unversehrt waren. Es riecht nach Harz, Sand und nach Sommer, und ich beginne, diese Art von Wald besser zu verstehen.

Bier und Bockwurst in der Gaststätte Wir reden über Forstwirtschaft und den damals riesigen Forstbetrieb, über den Holzplatz und eine Gaststätte, die es dort gab, wo man abends noch Bockwurst und ein günstiges Bier kriegen konnte. Ob die Vertragsarbeiter in der DDR nicht interniert waren, will ich wissen. Zur Vorbereitung auf das Gespräch hatte ich etliche Artikel gelesen. Danach hatte ich eine Menge trauriger Bilder im Kopf. Zuerst der Kulturschock am Flughafen: als Schwarze den Blicken der Weißen ausgesetzt. Dann die Isolation. Die DDR, lese ich so gut wie überall, habe versucht, die Vertragsarbeiter von der Bevölkerung fernzuhalten. Schließlich die 1990er-Jahre: rassistische Übergriffe, Angst. Meine Annäherung erweist sich nicht als Türöffner. Im Gegenteil. Das Wort »aufgebracht« trifft es nicht. Denn Pedro Chibule wirkt wie einer, der es sich nicht nehmen lässt, eine ruhige Freundlichkeit auszustrahlen. Komme was wolle. Aber er wirkt leicht genervt. Da sei einmal ein Mann vom Fernsehen gekommen, der habe genau all diese Fragen gestellt. Er habe alle genau beantwortet, »so wie dat war«. Aber gesendet worden sei etwas völlig anderes. Das sei ein Problem. Denn weil sie eben nicht abgeschirmt gelebt hätten, gibt es in Pedros Leben viele Leute, die er kennt und die ihn kennen. »Der Forst war ein großer Arbeitgeber. Jeder Dritte ungefähr arbeitete hier.« Wenn man mit Pedro unterwegs ist, grüßt alle naselang jemand: »Na, Pedro, hast du den Feierabend verschlafen?« »Hey Pedro, hast du heute ein Rendezvous?« Pedro scherzt zurück. Scherzchen hier, Scherzchen da. Was das für Leute seien? Leute, die noch Kinder waren, als er nach Müllrose kam und jetzt erwachsen sind. Wie zum Beispiel diese Frau, die heute seine Kollegin ist. Leute, die früher mit ihm feiern waren. Leute, die später Kinder im Alter seiner Kinder hatten. Unterm Strich: Leute, die ihn nach so einer Sendung fragen: Pedro, was für einen Mist erzählst du denn da über uns?

Die Leute nannten sie »unsere Schwarzen« Schon als er ankam, erzählt er, sei er in einer Familie gelandet, weil die Unterkunft, in der sie wohnen sollten, noch nicht fertig war. Ganz kurz nur kam er in einem Gasthaus unter. Dann sagte ein Kollege zu ihm: »Mensch, du bist doch noch viel zu jung, um so alleine zu wohnen.« Und so zog er bei ihm ein. Der Sohn des Kollegen war in seinem Alter, am Abend waren sie gemeinsam unterwegs. Aber auch später, als alle 41 jungen Männer in die Wohnstätte eingezogen waren, waren sie oft bei Leuten zu Gast. »Manche waren wie Gastfamilien für uns. Wir waren zum Essen da, zum Grillen, zu Festen.« »Unsere Schwarzen« hätten die Leute sie genannt. Die Ausdrucksweise sei »nicht böse« gemeint gewesen, und er habe das auch nicht so aufgefasst. Er mag auch nicht, wenn man ihm unterschiebt, wovor er Angst habe, wovon er sich verletzt fühle oder was ein Problem für ihn sei. Die mitfühlende Perspektive, die den weißen Blick auf Schwarze problematisiert, stellt sich selbst als problematischer Blick heraus. Auf ihn, Pedro, nämlich, der seine Geschichte anders erzählen würde. Unaufgeregter, freundlicher. Zum Beispiel habe er, als er am Flughafen Schönefeld landete, keinen »Schock« bekommen. »In meiner Schule in Maputo waren viele Weiße und viele Asiaten, weil Mosambik klassisch viele Handelsbeziehungen zu Indien hat. Ich war Weiße gewohnt.«

Fußballmannschaft »Die Mosambikaner« Wir gucken Fotos an. Die Unterkunft, ein Zweckbau, der heute nicht mehr steht. 41 Mosambikaner auf einem Spreewaldkahn. Immer wieder die Kumpels, wie sie herumblödeln, Hammondorgel oder E-Gitarre spielen. Immer wieder ihr Ausbildungsleiter, Karl-Heinz Tombreul hieß er, der sich um alles Mögliche kümmerte – unter anderem darum, dass sie

Blick in die Baumkronen des von Pedro
Chibule in den 1980er-Jahren gepflanz-
ten Forstes am Müllroser See

eine Fußballmannschaft aufstellten. Die Mannschaft hieß
»Die Mosambikaner« und spielte in Müllrose, in Biegen und
Neubrück. Manchmal traten sie auch gegen eine andere Ver-
tragsarbeitermannschaft an, nämlich die der Beeskower Vietnamesen. Auch die Russen aus der Kaserne hätten eine Mannschaft gehabt. Pedro spielte gut Fußball. Im Fußball, sagt er,
seien die härtesten Gegner die Vietnamesen und die Russen
gewesen.

So kamen sie in der Umgebung herum. Einer von ihnen, Mario
Mabessa, konnte Bassgitarre spielen, sang gut und spielte
erst in einer Band aus Grunow, später in einer aus Niewisch
namens »die Kellermeister«. Die gibt es noch heute, aber ihre
Auftritte damals mit Mario sind in den Dörfern nicht vergessen. »Die sind richtig jut jewesen.« Mario, ein Gesangstalent
und eine Stimmungskanone. Pedro fuhr öfter den Bandbus,
Konzert um Konzert, in Städten wie Beeskow, Storkow oder
Eisenhüttenstadt und in unzähligen Tanzsälen von Dorfgast-
stätten. Vorkommnisse mit Rechten oder Neonazis? Pedro
kann sich nur an zwei Vorfälle erinnern. Einmal stachen Unbe-
kannte während eines Konzerts die Reifen von Marios Auto
auf. Einmal war eine Pöbelei bei einem Fest. Leute, die sie
kannten, gingen dazwischen. In Angst lebte er nie. Viel wichtiger ist ihm zu erzählen, wie viel Leben damals in den Dörfern
und kleinen Städten war. Für seine drei Töchter, die alle nach
Berlin gezogen sind, ist »Frankfurt (Oder) heute ein Nest, wo
nichts los ist. Für uns war das die Stadt, wo wir hin tanzen gefahren sind«.

Das erste Kind war unterwegs   Als Pedros Zeit als Vertragsarbeiter um war, stellte man ihm
frei, ob er zurückkehren oder in der DDR bleiben wollte. Weil
in Mosambik inzwischen Bürgerkrieg war, bestand das Land
nicht auf Rückführung seiner Arbeitskräfte. Für Pedro war die
Sache klar. Er hatte eine Freundin, sein erstes Kind war schon
unterwegs. Es gab nichts, was er in Mosambik vorhatte, aber
einiges, das ihn inzwischen mit Müllrose verband.

Heute lebt Pedro mit seiner Frau in einer Wohnung nah am
Müllroser See. »Nur ein paar Schritte, und ich bin am Wasser.
Was will ich mehr?« Von den 41 Mosambikanern sind noch vier
geblieben. Einer arbeitet bei der Stadt, einer bei der Straßen-
meisterei, der Dritte arbeitet in Frankfurt (Oder) in einer Behin-
dertenwerkstatt. Sie treffen sich heute noch. Gern, aber nicht
mehr so oft. »Altersbedingt trinken wir weniger, wenn wir
uns sehen.«

»Ich war der Erste hier. Vielleicht werde ich auch der Letzte
sein.«

Vorherige Seiten:
Trägt seinen Chef im Namen – Blick in
den Frankfurter Imbiss »Mr. Ho«

linke Seite:
Eine Pause macht Ngoc Thuan Ho nur,
wenn der Fotograf kommt.

»Wir arbeiten immer«

Stephanie Lubasch

Für dieses Gespräch Zeit zu finden, ist fast unmöglich. Auch wenn er, wie Ngoc Thuan Ho schreibt, »von meinem Herzen her immer gern helfen« wolle. 12 Stunden am Tag arbeitet er, sechs Tage die Woche. Nur sonntags bleibt sein Imbiss »Mr. Ho« in einer Frankfurter Einkaufspassage geschlossen. »Wir arbeiten immer«, wird er später sagen – und damit begründen, warum Vietnamesen seiner Meinung nach in Deutschland weniger Probleme mit Ausländerfeindlichkeit hätten als andere Migranten. Es ist Herbst, als Thuan Ho nach Deutschland kommt – besser gesagt in die Deutsche Demokratische Republik. Im September 1988 steigt er in Ho-Chi-Minh-Stadt, wie Saigon seit 1976 offiziell heißt, in den Flieger und reist übers damals noch sowjetische Minsk nach Berlin-Schönefeld. An seinen ersten Eindruck nach der Landung kann er sich genau erinnern: »Ich habe die Parkplätze gesehen vor dem Flughafen, da standen sehr viele, ganz ordentlich in Reihe geparkte Autos. Aber sie waren so klein! Ich habe gedacht: Was für schlechte Autos …« Es ist Thuan Hos erste Begegnung mit dem Trabant, den er weder aus dem Stadtverkehr daheim noch aus dem Fernsehen kennt. Dort hat er stattdessen gesehen, wie Menschen in der DDR ganze Hähnchen verspeisen. Unvorstellbar in Vietnam, wo Mitte der 1980er-Jahre Nahrungsmittelknappheit herrscht und rund die Hälfte der Bevölkerung unter der Armutsgrenze lebt.

Abenteuerlust treibt ihn in die Ferne

Anders als für viele seiner Landsleute, die sich über einen Arbeitsaufenthalt in der DDR vor allem finanzielle Hilfe für ihre Familien in der Heimat erhoffen, ist es bei Thuan Ho eher Abenteuerlust, die ihn in die Ferne treibt. »Ich wollte was Neues sehen«, sagt er – ein Satz, der immer wieder fällt, wenn er über diese Jahre spricht.

Die Geschichte von Thuan Hos Familie ist eng mit der Geschichte Vietnams verknüpft. Sein Vater stammt aus Südvietnam, kämpft dort schon während der Kolonialzeit gegen die Franzosen, die Japaner, die Amerikaner. Als das Land 1954 geteilt wird, geht er in den Norden, in die Demokratische Republik Vietnam, studiert Musik, heiratet. »Er war für die kommunistische Partei aktiv, war ein hoher Funktionär und komponierte Musik für die Armee«, erzählt sein Sohn und lässt das Wort »Propaganda« fallen. Seine Mutter wiederum ist Buchhalterin, ebenfalls in leitender Funktion.

Thuan Ho wird 1969 in Hanoi geboren, dem Jahr, in dem Präsident Ho Chi Minh stirbt und US-Präsident Nixon den Abzug der amerikanischen Truppen ankündigt. Bevor es dazu kommt, fliegen sie 1972 einen der massivsten Luftangriffe des Vietnam-Krieges, unter anderem auf Hanoi. An die Tunnel, in denen die Einwohner damals Schutz suchen, erinnert sich Thuan Ho noch heute.

Als endlich Frieden ist und beide Landesteile 1975 als Sozialistische Republik Vietnam vereint, geht seine Familie zurück in den Süden. Thuan Ho und seine Schwester wachsen in Saigon auf, wo er Abitur macht und eine Ausbildung bei der Polizei beginnt. »Doch das«, sagt er, »gefiel mir nicht.«

Die DDR ist auf Arbeitskräfte angewiesen

Die Mutter ist es, die für den Sohn den Aufenthalt in der DDR beantragt. Grundlage ist der am 11. April 1980 geschlossene Vertrag beider Länder, der die Entsendung von vietnamesischen Arbeitskräften in das sozialistische Bruderland regelt. War es bei ähnlichen Abkommen zum Beispiel in den 1950er-Jahren noch um Solidarität gegangen, stehen nun wirtschaftliche Aspekte im Vordergrund: Die DDR ist dringend auf Arbeitskräfte angewiesen. Seit den 1960er-Jahren kommen diese bereits aus Ungarn, Polen, Algerien, Kuba und Mosambik. Die Vietnamesen bilden bis 1989 die größte Gruppe dieser Vertragsarbeiter: Zuletzt beträgt ihre Zahl etwa 60.000.

Thuan Ho wird dem Volkseigenen Betrieb (VEB) Leuna-Werke »Walter Ulbricht« südlich von Halle zugeteilt, dem größten chemischen Betrieb der DDR. »Dort gab es ein ganzes Wohnviertel für uns«, berichtet er. In dem teilt er sich mit fünf Landsleuten eine möblierte Drei-Raum-Wohnung – und lernt erst einmal drei Monate lang Deutsch. Schwer fällt dem 19-Jährigen das nicht; ein Lehrer empfiehlt ihm daher, eine Ausbildung zu machen. Vorausgesetzt, die Vietnamesische Botschaft stimmt zu. So kommt es, dass Thuan Ho an der Berufsschule in Leuna eine Schlosserlehre beginnt. An den Wochenenden ist er unterwegs, fährt in andere Städte, wo er Bekannte aus der Heimat besucht. Erlaubt ist das nicht. Thuan Ho aber ist jung – und ihm ist mitunter »ein bisschen langweilig«. Heimweh wie manche seiner Kollegen hat er nicht. »Viele wollten in der DDR arbeiten, um ihrem Land, ihren Familien zu helfen, waren dafür aber getrennt von ihren Männern, Frauen, ihren Kindern.«

Mopeds und Fahrräder für die Heimat

Ihren Lohn müssen sie teilen: Zwölf Prozent des Bruttoeinkommens jedes Vertragsarbeiters überweisen die jeweiligen Betriebe direkt an den vietnamesischen Staat. Da DDR-Mark nicht konvertierbar sind, kaufen viele von dem, was sie ausbezahlt bekommen, dann Waren für die Heimat ein. Mopeds vor allem, Fahrräder und Ersatzteile. In der DDR, in der kaum ein Konsumartikel in ausreichendem Maße zur Verfügung steht, sorgt das bei der Bevölkerung nicht selten für Unmut. Am Ende seiner Zeit darf jeder Arbeiter eine zwei Kubikmeter große Holzkiste nach Hause verschiffen lassen. »Um da möglichst viel hineinzubekommen«, erzählt Thuan Ho mit einem Lächeln, »wurde alles auseinandergeschraubt.«

Bevor es bei ihm soweit ist, fällt die Mauer. »Ich interessiere mich für Politik, hatte das schon im Fernsehen verfolgt. Viele Vietnamesen waren beunruhigt, fragten sich, was nun mit ihnen passiert. Von der Botschaft hieß es, wir sollten ruhig bleiben und da nicht mitmachen.«

Thuan Ho aber will dabei sein. Trotz des Verbotes fährt er mit einem Freund nach Ost-Berlin – und geht mit seinem Behelfsausweis (die Reisepässe der Vertragsarbeiter hat die Botschaft einbehalten) über die Grenze. Nur zum Schauen, nicht zum Bleiben.

Dann bleibt er doch, kommt mit Geflüchteten vieler anderer Nationalitäten erst einmal in einer zum Schlafsaal umfunktionierten Spielhalle unter, stellt einen Asylantrag, wird in die Zentrale Anlaufstelle für Asylbewerber in Ingelheim am Rhein überstellt, landet schließlich im Westerwald. Dort sucht Thuan Ho einen Job. »Ich war jung, habe mich schnell integriert«, sagt er. Eine Deutsche vermittelt ihn in eine Firma; er arbeitet dort an einer Bohrmaschine.

»Sie haben uns Fidschis genannt«

In den neuen Bundesländern ist die Stimmung gegenüber Ausländern in diesen Jahren aufgeheizt. 1992 zünden Rechtsradikale in Rostock-Lichtenhagen das Wohnheim vietnamesischer Vertragsarbeiter an. Thuan Ho telefoniert daraufhin besorgt mit Freunden, die im Osten geblieben sind. »Natürlich wurden wir auch in der DDR schief angeguckt«, sagt er. »Von Jugendlichen auf der Straße, nie von Kollegen. Und sie haben uns Fidschis genannt. Viele hier denken einfach, Vietnamesen sind dumm, weil unser Lebensstandard so niedrig ist.«

Im neuen, vereinten Deutschland jedenfalls werden sie nicht mehr gebraucht. Der Einigungsvertrag billigt allen ehemaligen Vertragsarbeitern lediglich ein Bleiberecht für die ursprünglich mit der DDR geschlossene Vertragszeit zu.

Auch Thuan Hos Asylantrag wird abgelehnt, aber er bleibt geduldet. »Bis 1993 hingen wir in der Luft. Dann haben die

rechte Seite:
Hos Ausweispapiere aus der Zeit, als er
in die DDR gekommen ist

Vertragsarbeiter aus Vietnam – Frankfurt (Oder)   56

Das Kochen lernt er
vom Schwager

Vereine für uns gekämpft.« Die in jenem Jahr in Berlin gegründete »Reistrommel« zum Beispiel. Doch es dauert. Erst 1997 werden die ehemaligen Vertragsarbeiter mit den Arbeitsmigranten der BRD gleichgestellt. Wer seinen Lebensunterhalt selbst verdient und straffrei ist, bekommt ein Daueraufenthaltsrecht. Im Jahr 2000 wird Thuan Ho eingebürgert. Er lernt seine Frau kennen, die damals noch in Vietnam lebt, heiratet, eröffnet mit ihr in Dresden einen Lebensmittelladen mit Imbiss. Das Kochen lernt er von seinem Schwager.

Doch das Ganze ist eine Nummer zu groß, die Arbeit zu viel: Als ein Kollege in Frankfurt (Oder) seinen Imbiss aufgibt, sieht Thuan Ho die Chance, sich zu verkleinern. 2004 ziehen er und seine Frau nach Brandenburg. Und bleiben.

Ho, wie er sich der Einfachheit halber nennen lässt, ist in Frankfurt heute eine Institution. Viele kennen ihn, schwören auf sein Curry oder seine Tom-Kha-Gai-Suppe. Sein Sohn Jonathan hat gerade Abitur gemacht, will Jura studieren; Tochter Elisa geht noch zur Schule. Die deutschen Namen hatten ihnen helfen sollen, sich dort zu integrieren. Beide haben gute Noten, nehmen Klavierunterricht. Anders als ihre Eltern, fühlen sie sich als Deutsche. »Als der Ukraine-Krieg begann, habe ich schon überlegt, was wir machen, wenn das alles größer wird«, sagt Ho, »ob wir dann vielleicht zurückgehen nach Vietnam.« Was sie da solle, habe ihn seine Tochter daraufhin gefragt.

Ho selbst lebt mittlerweile fast doppelt so lange in Deutschland wie in seiner vietnamesischen Heimat. Auch heute noch wird er manchmal auf der Straße beleidigt – aber Ausländerfeindlichkeit, glaubt er, gebe es überall auf der Welt. »Die Kulturen sind verschieden«, umso wichtiger sei es, voneinander zu lernen. Wenn bei Elternversammlungen über ihn, den Ausländer, anfangs gern hinweggesehen wird, weiß er zum Beispiel, dass er nur warten muss. Irgendwann kommt sie, die Überraschung bei den anderen. »Meine Kinder«, erklärt Ho stolz, »sind nämlich immer die besten.«

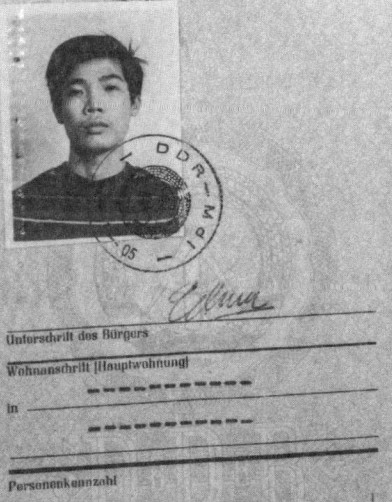

Christa Klingner (l.) und Regisseurin
Gitta Nickel beim Dreh des Films
»…und morgen kommen die Polinnen«
(1974) Foto: Nachlass Christa Klingner

linke Seite:
Heidrun Ebel (v.l.), Sylvia Klingner und
Bärbel Kultus vor dem Gelände des ehe-
maligen VEB KIM in Storkow

Und in der Pause einen »Kurzen«

Andreas Batke

Ein dunkelblauer IFA W50 mit Hänger fährt durch Rieplos bei Storkow. Die Straße ist schmal. Ein entgegenkommender Laster zwingt dem W50 eine Fahrspur nahe dem Straßenrand auf. Dort stehen Schilf und blühende Goldrute. Rieplos mit seinen Häusern ist grau. Dann ein Perspektivwechsel in die Totale. Die LKW-Ladeflächen zeigen sich halbhoch beladen und ohne Seitenplane; orangebraun läuft später der Filmtitel durchs Bild: »…und morgen kommen die Polinnen«. Das hämmernde Dieselmotorengeräusch vergeht, ein polnischer Chor beginnt zu singen. Auf der Ladefläche des LKW stehen Drahtkäfige mit weißer Füllung, das Gespann blinkt rechts und fährt aus dem Bild. Die Kamera verharrt auf einem Schild am Abzweig, sodass wir lesen: »VEB« (Volkseigener Betrieb), darunter »KIM« (Kombinat für industrielle Mast). Das »I« darf in der Spitze eine Fahne tragen. So beginnt der Dokumentarfilmschatz aus dem Deutschen Rundfunkarchiv. Regie führte Gitta Nickel, eine der wenigen Frauen auf den Regiestühlen der DEFA (Deutsche Film AG). Schwer erkrankt, können wir sie heute nicht mehr zu ihrer Arbeit befragen.
Gedreht wurde 1974 im Geflügelschlachthof Storkow. Die Kamera begleitete Arbeitswege, Versammlungen und Feste. Einer Frau kam sie dabei besonders nahe. Der Vorarbeiterin Christa Klingner, damals Mitte 30, mit dunklen, halblangen Haaren. Sie bot auch Einblick in ihre Familie, die kleinste Zelle der sozialistischen Gesellschaft.

Engagiert für eine bessere Welt

Christa Klingner stammte aus einem linken Umfeld. Tochter Sylvia beschreibt ihre Mutter als eine wache, zielstrebige Frau, engagiert für eine bessere, auch friedlichere Welt. Die Mitgliedschaften in SED (Sozialistische Einheitspartei Deutschlands), FDGB (Freier Deutscher Gewerkschaftsbund) und DSF (Gesellschaft für Deutsch-Sowjetische Freundschaft) waren für sie selbstverständlich. Sie wechselte Anfang der 1970er-Jahre vom Band der Storkower »Granit« Schuhfabrik, dort war sie Stepperin, zur besser bezahlten Bandarbeit des neuen Schlachtbetriebes. Beides Anlerntätigkeiten. Ihre zupackende Art und ihr Führungswille ließen sie schnell zur geachteten Arbeitsgruppenleiterin werden. Vom ebenfalls im KIM Storkow als Ökonom arbeitenden Mann war sie zu den Dreharbeiten frisch geschieden. Er war zu seiner Vorzimmerdame gezogen, Christa blieb mit ihren drei Kindern in der modernen Vierraumwohnung in Karlslust. Als politisch gefestigte, redegewandte, alleinerziehende Frau mit einfacher Herkunft, erfüllte sie wohl alle Wünsche der Filmautoren Gitta Nickel und Wolfgang Schwarze. Mit ihr ließen sich ökonomische und gesellschaftliche Gegebenheiten der damaligen DDR systemnah und kritisch beschreiben.

Christas Tochter Sylvia, im Film noch Abiturientin in Beeskow mit dem Plan, Ökonomie zu studieren, war schon als Jugendliche Ferienarbeiterin im Betrieb der Eltern. Schon vor der politischen Wende hatte sie sich vom Band zur Schlachthofleiterin hochgearbeitet. Den Verkauf und die Weiterführung des KIM Kerngeschäfts mit etwa 100 Beschäftigten begleitete sie mit ihren produktionsnahen Erfahrungen auf Einladung der Treuhand.

Das Betriebsklima ist in guter Erinnerung

»Packt mal den in den Industrier, Flügel abschneiden!«, ruft Heidrun Ebel im Film, holt aus und verpasst werfend dem Tier einen Platz in der geringstmöglichen Handelsklasse. Heidrun kommt 1972 zu KIM. Zuvor hatte sie wie Christa als Stepperin in der Schuhfabrik gearbeitet. Nach der Facharbeiterausbildung zum Geflügelfleischer folgte ihre Weiterbildung zur »TKO«, eigentlich »Technische Kontrollorganisation«. Als betriebsinterne Qualitätskontrolle war sie damit weg von der schweren Bandarbeit – wie dem Ausgabeln der Eingeweide – und mit monatlich 900 Mark finanziell gut dran. Im Film darf sie leise Kritik an der sehr begrenzten Aufenthaltsdauer der Polinnen üben. Die Zusammenarbeit mit den Polen, überhaupt das Betriebsklima »der« KIM ist ihr in guter Erinnerung. Der regelmäßige Arbeitsplatzwechsel am Band, Gesang, Sprachunterricht in derbem Polnisch, heimliche »Kurze« in den Pausen im Toilettenvorraum machten das Schlachten erträglich und brachte die Menschen der Nachbarländer einander näher. Die ersten Polinnen blieben nur drei Monate. Das stellte sich schnell als produktionstechnisch und zwischenmenschlich ungünstig heraus. Produktivität und Wohlbefinden stiegen erst mit der Verlängerung des Aufenthalts. Untergebracht waren die Polen in Mehrbettzimmern des Sozialtrakts auf dem Betriebsgelände. Von polnischer Seite begleitet oder bewacht von einer Kierowniczka. Diese Kierowniczka war irgendwas zwischen binationaler Mittlerin und mütterlicher Aufpasserin. Die aufgeschlossenen Polinnen weckten Appetit. Vor dem Tor lauerten die jungen Storkower Männer, lauerten auf einen unaufmerksamen Moment der Torwache. An die 20 Frauen blieben trotz bürokratischer Hürden dauerhaft in der DDR. Die sonst zu DDR-Zeiten vielbeschworene, aber wenig alltägliche Völkerfreundschaft: Hier war sie lebendig. Katholische Gottesdienste fanden in der Sankt Marien Kapelle am Storkower Markt oder in Hirschluch statt.

Mit dem polnischen Pass nach West-Berlin

Anja Peetz kam als Anja Pikuła 1981 aus der VR Polen nach Storkow. Die Eindrücke des ersten Arbeitstages ließen sie nach einer halben Stunde am Band umkippen. Sie blieb trotzdem bis heute im Schlachtbetrieb. Nach dem Abitur in Nowa Sól war eine Ferienbeschäftigung bis zum Beginn des Studiums im Oktober geplant. Einige Deutschkenntnisse hatte sie aus der Schule mitgebracht. Das Leben war jung und frei, mit dem polnischen Pass konnte sie nach West-Berlin reisen, so verlängerte sie ein ums andere Mal ihren Aufenthalt in der DDR. In Polen schränkten derweil polizeiliche Ausgangssperren infolge der Solidarność-Bewegung das Leben ein. Anja Pikuła entschied sich, in der DDR zu bleiben und bei KIM weiterzuarbeiten – und nicht wie geplant Ernährungswissenschaften in Posen zu studieren.

Alle Interviewpartner betonen die Verbundenheit der Deutschen zu den Polen trotz Unterschieden in Fragen der Religion, der Sprache und der Feierkultur. Mit den Ende der 1980er-Jahre ankommenden vietnamesischen Vertragsarbeitern schildern sie dagegen erhebliche Integrationsprobleme.

Anja heiratete einen Betriebsschlosser. Er lernte Polnisch von ihr und brachte ihr wiederum Deutsch bei, das sie heute mit deutlichem Berliner Akzent spricht.

Arbeitsplatzlücken in der Schlachtung füllen

Bärbel Kultus verantwortete bis 1999 die Personalpolitik am Standort. Begonnen hatte sie 1967 als Sekretärin in der Aufbaugruppe für industrielle Kaninchenproduktion »Broika« in einem Büro am Storkower Markt. Ab 1970 war sie in der Kaderleitung. KIM Storkow schildert sie als DDR-Vorzeigebetrieb. Seitenlange Konzepte zur Unterbringung und ein kulturelles Begleitprogramm musste sie für das Landwirtschaftsministerium erarbeiten. Die Polinnen sollten helfen, Arbeitsplatzlücken in der Schlachtung zu füllen und dem Bruderstaat Erfahrung in industrieller Geflügelschlachtung für geplante Industrieanlagen zu verschaffen. Die Verhandlungen mit der polnischen Seite, geführt in Poznań, Zielona Góra

rechte Seite:
Luftbild des früheren, heute zu Plukon
gehörenden KIM Storkow. Bis zu
170.000 Hähnchen werden dort pro Tag
geschlachtet.

und im Sitzungssaal der KIM, gestaltete sie mit. Verhandlungssprache war Deutsch. Das Regierungsabkommen mit der VR Polen lief bis 1987.

Heidrun Ebel blieb bis zur Rente im Schlachthof. Ab 1990 war sie nicht mehr innerbetrieblich, sondern beim Veterinäramt des Kreises angestellt. Beim Aussortieren kranker Tiere wurde sie nun vom neuen Leiter gefragt: »Frau Ebel, schmeißt du mein Geld weg?« Obwohl sie keine Brüche in der Erwerbsbiografie erlebte, bewertet sie wie auch die anderen Interviewpartnerinnen die Nachwendezeit kritisch. Sie schwärmt von einer Urlaubswoche bei Kollegen in deren polnischer Heimat. Ihre Anekdoten bezeugen der Vorwendezeit Einfachheit, Sorglosigkeit und viel Gastfreundschaft. Heidrun kauft noch regelmäßig beim Betrieb ihr Geflügel, prüft es immer noch genau, bevor sie das Fleisch zubereitet.

Das Ende für Kindergarten
und Friseur

Mit dem Verkauf des VEB KIM Storkow wurden die dienstleistenden Gewerke vom Maurer bis zum Techniker der sogenannten Investabteilung und die veterinärmedizinische Kontrolle ausgegliedert. Der Betriebskindergarten, das angegliederte Institut für Geflügelwirtschaft »Merbitz« und der Friseur wurden geschlossen. Die betriebliche Sozialpolitik, Urlaubsangebote und die medizinische Versorgung wurden abgeschafft. 275 Mitarbeiter waren es zum Ende der DDR. Mit der geglückten Betriebsübernahme durch die Holländer und der Sanierung hat das KIM Storkow unter dem Namen »Friki« seine hohe Mitarbeiterzahl – Mitte der 1990er-Jahre waren es 170 – erhalten.

Plukon heißt das niederländische Unternehmen, das den Betrieb heute unauffällig in Storkow führt. Die Verbundenheit der Storkower zum Betrieb, selbst das Wort Kollektiv sind Geschichte. Der KIM-Wohnblock an der Fürstenwalder Straße ist abgerissen. Viele Ehemalige sind inzwischen gestorben oder verzogen. Geblieben ist der Ausruf: »Atme tief, die Luft ist selten, heute geh'n die Schweine zelten«, wenn der von Zeit zu Zeit über Storkow ziehende Duft nach Ammoniak aus den Hähnchenmastanlagen in der Nase stichelt. Und geblieben ist dieser Film aus einer anderen Zeit, aus einem anderen Land, der so fremd ist in seinen Farben, seiner Sprache, mit seinen drastischen Schlachteszenen und seiner herrlich unverstellten Offenheit.

»…und morgen kommen die Polinnen«: Sto lat – herzlichen Glückwunsch zum Fünfzigsten!

Hat die Zeit überdauert: Mosaik
»Weltall, Erde, Mensch« im Wohn-
komplex 6 in Eisenhüttenstadt

linke Seite:
Helene Tews in ihrem магазин
Дружба

»Wir wohnen zusammen«

Steffen Schuhmann

Der WK6 in Eisenhüttenstadt sieht etwas gerupft aus. Wo Wohnblöcke fehlen, steht welkes Gras. Die Bushaltestelle an der Straße der Republik, die wohl nicht immer die Bundesrepublik meinte, und das Mosaik »Weltall, Erde, Mensch« verbindet eine Ladenpassage. Links das Bistro Punjab, rechts die Bierbar Kosmos, links das магазин Дружба – Russischer Spezialitätenhandel. Hinter der Ladentheke steht Helene Tews. Bis dorthin war es ein weiter Weg. Sie lächelt.

Ein Mann betritt den Laden. »Haben sie polnische Spezialitäten?« »Nein, wir haben russische oder ukrainische«, antwortet Frau Tews, »aber fahren Sie doch nach Polen. Polen ist nicht so weit von uns.«

Geboren in Kirgisien Helene Tews' Weg nach Eisenhüttenstadt beginnt in der Kirgisischen Sowjetrepublik. Dort ist sie geboren. In einem Gebirgsland, das an China grenzt. »Das ist so ein schönes Land. Sehen Sie mal im Internet nach. Da gibt es Seen und Berge. Wunderschön. Nirgends habe ich so ein Wasser getrunken wie in Kirgisien. Wirklich. Das ist etwas Besonderes. Wasser ist Wasser, denkt man. Aber das ist nicht so. Nie wieder habe ich so ein Wasser getrunken.« Ihr Vater wurde noch in der Autonomen Sozialistischen Sowjetrepublik der Wolgadeutschen geboren. »Sogar die Geburtsurkunde meines Vaters wurde auf Deutsch ausgestellt. Alle sprachen dort deutsch.« Aber 1941, als Hitler die Sowjetunion überfällt, wird die Republik aufgelöst und die deutschsprachige Bevölkerung von der Wolga nach Osten deportiert. Nach Sibirien, Kasachstan, Kirgisien. Dort

treffen sich ihre Eltern. Später ziehen sie mit der zehnjährigen Helene nach Нововаршавка in der Омская область. Eine flache Gegend mit weiten Feldern und viel Himmel darüber. Weiter nördlich ist Taiga. Weiter südlich Steppe. Knapp 5.000 Menschen wohnen dort. Eine Siedlung städtischen Typs. Aber das Leben ist ländlich. Hinter den Häusern, wie sich auch Helenes Eltern eines bauen, liegen große Gärten. »Wir hatten Schweine, eine Kuh, Hühner, Gemüse. Alles haben wir selbst gemacht. Wir haben gearbeitet. Wir haben gut gewohnt und hungern musste keiner. Ich kann mich nicht beklagen.«
»In der Gegend von Omsk gab es Dörfer, wo sie nur deutsch sprachen. Mein Mann ist in so einem Dorf aufgewachsen. Dort hat die Lehrerin den Kindern im Kindergarten Russisch beigebracht, damit sie die Sprache ein wenig verstehen, wenn sie in die Schule kommen. Ich dagegen bin in einem Dorf aufgewachsen, in dem alle russisch sprachen. Nur zuhause haben meine Eltern deutsch gesprochen. Mein Bruder hat es auch noch gelernt – ich nicht. Meine Oma konnte ich verstehen, aber deutsch sprechen konnte ich nicht. Umgekehrt war es für sie genauso: Sie verstand russisch, sprach es aber nicht. Mein Sohn sprach nur russisch, als wir nach Deutschland kamen. Er versteht die Sprache noch, aber er spricht sie nicht mehr.«

Moskauer Eis weckt Erinnerungen

Ein älterer Herr mit Einkaufsbeutel betritt den Laden. Es könnte eine Szene wie aus dem Schulbuch »Мы говорим по-русски« werden. »Здравствуйте!«, eröffnet er höflich, aber etwas unsicher, den Dialog. »Здравствуйте!«, echot Helene Tews und steht hinter der Ladentheke auf. »Московское мороженое есть?«, fragt der Kunde knapp. »Gibt es hier, dort in der Ecke«, antwortet Helene Tews und deutet auf die Kühltruhe neben der Tür. »Hier?«, fragt der Herr. »Genau«, antwortet Frau Tews. »Sehr schön. Ich kann nämlich mit Brille nicht so gut lesen«, erklärt sich der Kunde. »89 Cent«, fordert Helene Tews – Zahlwörter sind schwierig –, gibt elf Cent zurück und steigt wieder in den Schulbuchdialog ein. »Спасибо!« – »Спасибо!«, antwortet der ältere Herr und greift sich, plötzlich lächelnd, den silbernen Quader, der in Form und Größe an ein Stück Butter erinnert. »До свидания!«, ruft er beschwingt, als er durch die Ladentür nach draußen tritt, um das Stück Vanilleeis zwischen zwei dünnen Waffeln aus dem Papier zu schälen. Woran mag es ihn erinnern? An einen Sommer im Pionierlager Артек auf der Krim? An eine Reise mit »Jugendtourist« in den Kaukasus? Nach Leningrad?
1991 wird Ленинград umbenannt in Санкт-Петербург. Die Sowjetunion gibt es nicht mehr. Der 1. Mai verblasst. Der 9. Mai wird wichtig, Nation und Nationalität werden es auch. »Der Krieg war immer ein Thema. Wir waren Deutsche, wir waren die Faschisten«, erzählt Helene Tews. Das begleitet

sie. Schon auf dem Schulhof. Aber jetzt gibt es eine Chance. Deutschland öffnet die Grenze für Russlanddeutsche. 1992 packt auch die Familie von Helene Tews. »Wir sind rechtzeitig weg. Für den Preis eines Hauses hast du einen Monat später gerade noch eine матрёшка bekommen. Das muss man sich vorstellen. Wir haben alles verkauft und haben uns auf den Weg gemacht. Wir flogen nach Moskau und von dort nach Frankfurt am Main. Denn wir wollten zu Verwandten meiner Mutter, die von Kirgisien nach Freiburg im Breisgau gegangen waren. Aber damals wurde schon versucht, die Russlanddeutschen nach Ostdeutschland zu lenken.«

Neue Heimat
Thälmann-Siedlung

Sie sind zu zwölft. Helene, ihr Mann, drei Kinder. Ihr Bruder, seine Frau, drei Kinder. Ihre Eltern. Und sie wollen zusammenbleiben. »Wir sind gemeinsam aufgebrochen. Wir wollen auch gemeinsam ankommen.« Sie kommen unter, wo man sie hinschickt, weil dort Platz ist: Bärenstein im Erzgebirge, Peitz, Ernst-Thälmann-Siedlung (Ziltendorf). Eine flache Gegend mit weiten Feldern und viel Himmel darüber. Gleich hinterm Fluss im Osten ist Polen. Am Horizont im Westen sieht man das Stahlwerk von Eisenhüttenstadt. Dort wird saniert. Damit die Treuhand das Werk verkaufen kann. Es wird gehobelt. Es fallen Späne. Für Stahlwerker bedeutet das: Arbeitslosigkeit, für Eisenhüttenstadt: Abwanderung. Aber auf Zuwanderer aus der zusammengebrochenen Sowjetunion wartet dort, wo die DDR zusammenbrach, niemand. »Mein Vater hat den Umzug nicht gut verkraftet. Er wurde krank. Schlaganfall. Mit 57. Seine Schwester war in Russland geblieben. Darunter hat er sehr gelitten. War nicht so einfach für ältere Leute. Die haben Häuser verlassen, die sie mit eigenen Händen aufgebaut hatten.« »Die Sprache war eine Hürde. Viele von unseren Leuten konnten nicht mehr in ihren Berufen arbeiten. Sowjetische Lehrer gingen putzen, als sie nach Deutschland kamen.« Helene Tews aber hat Glück: Ihr Mann findet Arbeit. Eine Firma stellt ihn als Baggerfahrer ein. Dort arbeitet er bis heute. Helene Tews verkauft Softeis auf der Lindenallee. Es ist ein Anfang. »Nach einem Jahr haben wir dann eine Wohnung in Eisenhüttenstadt bekommen. Fünf Jahre später haben wir in Vogelsang Land gekauft und gebaut. Selber. Erst ein Haus für uns. Dann eines für meinen Bruder und seine Familie. Direkt daneben. Wir wohnen zusammen. Nach wie vor. Und wir haben wieder Hühner.«

Eigener Laden seit 2013

Bis heute arbeitet Helene Tews nebenher als Verkäuferin in einem der großen Shoppingcenter Eisenhüttenstadts. Es sind lange Arbeitstage. Oft zehn, nicht selten auch zwölf Stunden mit der Arbeit im eigenen Laden. Den eröffnet sie 2013 auf der Lindenallee. Die Lage ist gut. Aber die Fläche winzig. Im WK6 ist sie näher an der Kundschaft. Dort leben viele Aussiedler. »Habt ihr noch das Schokoeis in der Waffel? Mit Schokolade drinne?«, fragt eine Frau und kauft ein пломбир für 70 Cent.

Eine andere Kundin sucht nach Saft. Die georgische Birnen-limonade überzeugt sie nicht. Sie möchte натуральный сок без газа. Auch das findet sich. Eine Frau mit zwei kleinen Kindern kommt herein. Eng umschließt ein Kopftuch das junge Gesicht. Sie fragt nach чай.

»Die Kundschaft ist gemischt – Hälfte russisch, Hälfte deutsch. Wobei … in diesen verrückten Zeiten … Dafür kommen viele Ukrainer. Die Wurst geht gut, пельмени auch, конфеты und im Sommer: Eis.« Die Ware außerhalb der Europäischen Union einzukaufen und korrekt zu verzollen und zu versteuern wäre für einen kleinen Laden zu kompliziert. Aber es gibt spezialisierte Großhändler. Und Vorschriften für Etiketten. Produkte nur in Georgisch, Estnisch, Russisch oder Ukrainisch auszuweisen ist nicht möglich. »Das dürften wir nicht«, erklärt Helene Tews, alles muss auch deutsch beschriftet sein. Советское Sekt kommt, wie man liest, aus Lettland. Hergestellt aus Wein aus Spanien. Krimskoye Cuveé kommt aus der Ukraine. Gekeltert wurde er in Bachmut. Vorkriegsware. Молоко с сахаром imitiert gekonnt die blauweiße, sowjetische Papierbanderole um die kleine Blechdose. Kleingedruckt steht darauf: Hergestellt in Holland mit Milch aus der EU.

Wurst nach sowjetischem Rezept

»Viele Sachen werden in Deutschland produziert. Zum Beispiel die Wurst. Die wird nach sowjetischen Rezepten in Deutschland hergestellt. Die ist gut. Oder пельмени und вареники. Bisher haben wir alles bekommen, was wir brauchten. Aber jetzt ist es schwieriger. Wegen der Sanktionen. Bestimmte Sorten водка werden nicht mehr geliefert. Гречка, also Buchweizen, ist teuer geworden. Es ist mehr als der doppelte Preis. Früher waren es 1,79, jetzt sind es 3,99 Euro.«

»Aber vielleicht wird es wieder billiger«, sagt Helene Tews hinter der Ladentheke des магазин Дружба im WK6 in Eisenhüttenstadt. Sie lächelt und gibt die Hoffnung nicht auf.

linke Seite:
Pfarrer Kevin Jessa setzt sich für mehr
Transparenz und Offenheit ein.

Den eigenen Weg finden

Julia Vogel

Es tropft im Fürstenwalder Dom. Immer lauter wird das Geräusch, je näher man sich dem Mittelschiff nähert. Ein imposanter Raum tut sich auf; ein Dach lässt sich nur erahnen. Es bilden sich Pfützen. Zwei Besucher weisen die Dombetreuerin darauf hin. »Wir haben wohl einen Dachschaden«, sagt sie und lächelt dabei. »Das muss der Sturm gestern gewesen sein.« Am Vorabend ist Sturmtief »Lambert« durch die Ortschaften getobt. Auch durch Fürstenwalde. Dem Dom können Wind und Wetter nicht viel anhaben, so viele Jahrhunderte steht er nun an seinem Platz. Dem Domplatz. »Und das ist auch das Besondere«, betont die Besucherbetreuerin, »wir haben es hier mit einem richtigen Dom zu tun, dem einstigen Bischofssitz des Bistums Lebus, wir nennen uns nicht nur Dom, wie der in Berlin, wir sind wirklich einer.«

»Dachschaden, das passt«

In diesem Moment betritt ein etwas untersetzter, junger Mann den Raum. Kurze Haare, Brille, freundlich, aufgewecktes Gesicht. »Dachschaden, das passt«, sagt Pfarrer Kevin Jessa grinsend und begutachtet währenddessen die nun schon voller werdenden Eimer und Wannen. »Ich finde es gut, wenn es auch an manchen Stellen mal etwas durchlässig ist.« Der Fürstenwalder Dom wirkt sonst wie geleckt, kein Staubkorn, keine Fluse in den Ecken. Ganz anders als die vielen kleinen Kirchen in den Ortschaften, die Jessa noch betreut. Die Dom-Mitarbeitenden, sagt der Pfarrer, seien sehr engagiert. Sie halten das Gebäude sauber, kümmern sich um alles. »Ohne sie würde es nicht funktionieren.« Grund für die Sauberkeit ist auch die Grundsanierung und Generalüberholung des Domes vor 30 Jahren. Entstanden ist eine Mischung aus Alt und Neu, mit Glaswänden, Fußbodenheizung, Kinderecke, neuen Stühlen statt alten Bänken, bei der jedoch der gotische Stil mit seinem Backsteinmauerwerk, teils romanischen und barocken Elementen, nicht verlorengegangen ist.

Ein besonderer Ort mit einem besonderen Pfarrer, der als Jugendlicher von diesem Beruf nicht einmal geträumt hätte. Auf Wunsch seiner Mutter wird Jessa getauft, Religiosität spielt sonst in der Familie eine untergeordnete Rolle. Erst als die persönliche Einladung zum Konfirmanden- und Religionsunterricht ins Haus schneit, beschäftigt sich Jessa das erste Mal mit »diesem Buch, das plötzlich Fragen aufwirft«. Eine neue Welt eröffnet sich für den jungen Menschen, er meldet sich mehr und mehr als Freiwilliger, um in Gottesdiensten mitzuwirken. »Ich habe allen immer einen Vogel gezeigt, als sie sagten, ich werde mal Pfarrer«, sagt Jessa. »Keiner in meiner Familie hat studiert. Meine Familie kam aus dem Handwerk und der Landwirtschaft. Mein Vater war Schlosser, und ich dachte, dieses krasse Schuften mit Metall, das ist nicht meins. Ich hatte auch Angst vor dem Probieren und Scheitern. Und die Eltern haben auch immer daran gearbeitet, ihren Lebenslauf ordentlich zu halten. Und da wollte ich keine Verzweiflungstaten machen.«

Transparenz und Offenheit sind ihm wichtig

Die Schulleiterin wäscht Jessa den Kopf, glaubt an sein Potenzial. Nach einem Freiwilligen Jahr in der Denkmalpflege, einem politischen Praktikum in der Landes-CDU Brandenburg, entscheidet er sich doch für die Kirche, genauer für ein Studium der Evangelischen Religionspädagogik. Ein guter Kompromiss, findet er. In seiner eigenen Gemeinde in Fredersdorf-Vogelsdorf werden immer mehr Fragen aufgeworfen: »Kirche ist als Dienstgeberin nicht ganz einfach. Eine sehr alte Organisation mit Strukturen, die mich ab und an sehr verwundern. Doch ich fühle mich gar nicht so abhängig von der Kirche, nur manchmal von der Willkür Einzelner.« Für den jungen Gläubigen sind Transparenz und Offenheit wichtig, in der Kirche fehlen sie ihm öfter. An der Evangelischen Hochschule spürt Jessa das Interesse für queere Themen; sein wichtigster Professor – schwul und offen für Diversität.

Jessa bekommt Rückhalt, outet sich mit 20. Ein langwieriger Prozess setzt ein. Immer wieder zweifelt er das Verhältnis zur Kirche an. Oft gibt es Schuldbekenntnisse, sogar Versöhnungsgottesdienste, danach, so Jessa, merkt er nichts mehr von alledem. Auch wenn in all den Jahren immer mal wieder ein Austritt denkbar ist, am Ende entscheidet er sich zu bleiben, seine Nische zu finden. Eines seiner wichtigsten Themen in der Studienzeit – die Ehe für alle. Auf seine Initiative hin führt der Gemeindekirchenrat die Segnung, den Vorläufer zur

Ehe für alle, ein. Nach Bachelor- und Masterarbeit entscheidet sich Jessa erst einmal gegen ein Vikariat, legt eine Pause ein und nimmt die Chance wahr, den Evangelischen Kirchentag mit zu organisieren.

Ein Machtkampf, der sich durchzieht

Als sich auch hier keine klare Zukunftsvision auftut, wird Jessa nun doch Vikar, für zwei Jahre entsandt in die Evangelische Patmos-Gemeinde in Berlin-Steglitz. Er sieht das als Herausforderung. Spremberg dann – die nächste Hürde. Dort soll Jessa nach seinem Vikariat die erste Pfarrstelle auf Probe annehmen. Ungläubig schaut er auf den Namen des Ortes. Und lehnt ab. »Es wäre das Ende meiner Beziehung gewesen. Ich hatte den Eindruck, meine Sorgen wurden nicht ernst genommen. Niemand Queeres durfte in Berlin bleiben, Heteros aber dann doch. Auch wenn natürlich auch von ihnen viele aufs Land sind. Ich hatte einfach die Hoffnung gehabt, uns würde dieser Schutzraum Berlin ermöglicht.« Es fühlt sich nach Machtkampf an, der sich durchzieht. Brandenburg als Entsendungsland ist für den damals 30-Jährigen klar, da dort die Stellen am nötigsten besetzt werden müssen. Doch Spremberg im Landkreis Spree-Neiße? Als offen schwuler Pfarrer undenkbar: »Ich habe zwar die Erfahrung gemacht, dass unerwartete Ortswechsel sehr wertvoll sein können. Aber ich denke, wir haben genug Entscheidungen in der Hand, unseren eigenen Weg zu finden.«

Und so kommt es dann auch: Jessa hört von einer freien Stelle in Fürstenwalde, schlägt diese vor und darf sie antreten. Doch auch im bischöflichen Dom läuft es nicht immer rund. Zu laut, zu offen, zu divers gestaltet der Neuankömmling seine Predigten. Sein Partner bringt sich schnell mit ein, auch das stößt nicht bei allen auf Gegenliebe. Jessa spricht über feministische Theologie, will jeden Menschen erreichen, in sich schon ein Konflikt. »Ich habe schnell gemerkt, dass die Probezeit nicht die Zeit ist, in der man sehr laut sein darf«, schaut Jessa zurück. Als diese Zeit für ihn verlängert wird, ist das ein Schlag für den jungen Pfarrer – und doch eine weitere Schule fürs Leben.

Sich einen eigenen Namen machen

Mittlerweile hat Jessa seine Gemeinde kennengelernt, erfährt viel Wertschätzung, begleitet Alt und Jung in ihren ganz individuellen Lebensabschnitten. Auch wenn er nicht die alten Gemeindepfarrer ersetzen kann, oft noch Vergleiche hört, er möchte sich seinen eigenen Namen machen. Eine Rede, die den Trauernden einen guten Weg bereitet, oder eine gute Predigt mit Gegenwartsbezug, die keinem »Dauerexamen« gleicht, machen ihn glücklich und zufrieden. Mehr als 50 Stunden in der Woche arbeitet Jessa, besucht die über 80-Jährigen in der Gemeinde, leistet Hospizarbeit, unterrichtet an der hiesigen Grundschule Religionsunterricht, hält Predigen, tauft, verheiratet, verabschiedet. Ein Traumjob, wäre da nicht die Verwaltungsarbeit. Um den Arbeitsaufwand zu verringern, wird es in der nächsten

Zeit viele Umwälzungen in den Gemeinden geben. Noch betreut Jessa drei Gemeinden – eine mit 85 Mitgliedern, eine mit 200 und in Fürstenwalde mit 2.000 Mitgliedern. Laut Beschluss der Landessynode sollen Gemeinden mit weniger als 300 Mitgliedern fusionieren. Betroffen sind mehr als 600 der gut 1.100 Gemeinden der Landeskirche, vor allem in Brandenburg. Jessa betont, dass noch mehr Reformen in den nächsten Jahren anstehen. Eine davon erfreut ihn besonders: »Bei Trauungen gleichgeschlechtlicher Paare entfällt auf Beschluss des Kirchenparlaments künftig das Recht von Pfarrern, solche Gottesdienste ablehnen zu dürfen. Theologen, die nicht mit Traugottesdiensten für homosexuelle Lebens- und Ehepaare einverstanden sind, können andere Pfarrer bitten, dies zu übernehmen.« Kleine Erfolge, für die es sich lohnt zu kämpfen.

Die Gottesdienste werden diverser

Ob die Reformen allerdings die Austritte aus der Kirche verhindern, weiß keiner. In Deutschland traten 2022 laut Statistischem Bundesamt 380.000 Menschen aus der Evangelischen Kirche aus, und auch die Werte in der Evangelischen Landeskirche Berlin-Brandenburg-schlesische Oberlausitz (EKBO) sehen nicht besser aus. Über eines kann sich Jessa jedoch freuen: »Es ist diverser geworden in meinen Gottesdiensten. Ich betreue Menschen, die bisher kaum oder gar nicht im Gemeindeleben vorkamen.«

Im Abendmahlsgottesdienst hat Jessa sogar die Ehre, den Mittfünfziger Heiko Schumacher zu taufen und ihn in die Fürstenwalder Gemeinde aufzunehmen. Dabei begrüßt er ihn mit der Frage: »Was macht mich würdig, zur christlichen Gemeinschaft dazuzugehören?«, und fügt sofort die Antwort an: »Nichts. Jeder ist würdig.« So tritt Heiko Schumacher nach 20-jähriger Überlegung in den »Dienst Gottes«.

Auch Kevin Jessa hat noch eine Aufnahme bevorgestanden. Seit Juni 2023 ist seine Lebenszeitberufung als Pfarrer durch: »Das fühlt sich super an ... Eine neue große Freiheit und auch mehr Verantwortung. Immerhin wollen zehn Jahre gestaltet werden.« In Fürstenwalde. Wo Jessa danach landet? Unklar.

vorherige Seiten:
Blick in ein Lager des Munitionsversorgungszentrums Ost in Schneeberg

linke Seite:
Oberstleutnant Tony Kynast hat die
Lagerleitung 2023 übernommen.

Wechsel des Standorts als Prinzip

Emily Bereskin und Christoph Muth

Die Kaserne Schneeberg liegt eingebettet in einen Nadel-
wald am östlichen Rand von Beeskow. In diskreter Lage ver-
birgt sich hinter dem unscheinbaren Namen ein komplexer
Verbund militärischer Funktionen. Seit ihrer Gründung als
Munitionslager für die Nationale Volksarmee der DDR im
Jahr 1969 durchlief die Kaserne einen Prozess der Umstruk-
turierung. 2015 wurde Schneeberg der Sitz des Munitionsversorgungszentrums Ost, dem ostdeutschen Knotenpunkt für
die Lagerung und Logistik von Munition an den Standorten
Schneeberg, Seltz und Walsrode. Ein Viertel der Belegschaft
in Schneeberg sind Soldatinnen und Soldaten, aber der Groß-
teil der rund 50 Menschen vor Ort sind zivile Angestellte, die
dauerhaft am Standort arbeiten. Stabsfeldwebel Schneider ist
Teil der Führung und leitet das Personalwesen. Er kennt die
Lebensläufe der Menschen, die hier zusammenkommen, und
unterstreicht bereits im Vorgespräch: »Am Ende stehen hinter
ernsten Fassaden immer Menschen und ihre Geschichten.«

Im Laufe der Karriere von Ort zu Ort Im Januar 2023 übernahm Oberstleutnant Tony Kynast die
Leitung des Munitionsversorgungszentrums und ist seitdem
verantwortlich für die drei Lager, die er regelmäßig besucht.
Doch das Rotationsprinzip ist Teil der Struktur des Lebens
von Berufssoldaten, da sie alle zwei bis vier Jahre den Standort
wechseln sollen. Wir sprechen mit Kynast über die Mobilität,
die sein Berufsweg erfordert, darüber, wie es ist, im Laufe seiner Karriere von Ort zu Ort ziehen zu müssen, und wie man
lernt, immer wieder in einer neuen Region Fuß zu fassen.

Wir verlassen die »Autobahn der Freiheit« und nähern uns langsam dem Zielort. Die schmale B168 windet sich durch Wälder und ausgedehnte Landschaften mit großen Sonnenblumenfeldern. Darin eingebettet sind kleine Ortschaften voller möglicher Botschaften. Wir passieren ein großes hölzernes X als Symbol der Protestaktion »Ufer frei«, die Skulptur »HOPE« vor dem Haus des Künstlers Jan M. Petersen sowie Banner mit der Aufschrift »Frieden schaffen ohne Waffen«. Wie in einem Brennglas ist hier das Konfliktpotenzial in Aushandlungsprozessen unserer Gesellschaft konzentriert, zu dem auch die Bundeswehr nicht erst seit der politisch beschworenen Zeitenwende zählt. Auf dem Kasernengelände kommen wir an Skulpturen vorbei, von denen einige abstrakt sind und andere wiederum sehr konkret große Munition repräsentieren. Die skurrile Kombination aus diesen Kunstobjekten und dem Ort unterstreicht unser mulmiges Gefühl, das wir vor dem anstehenden Gespräch haben.

Die Bundeswehr nimmt eine gesellschaftlich kontrovers bewertete Position ein, und wir selbst hatten bisher keine Verbindung zu dieser eigenen Welt aus Strukturen, Codes und Vokabeln.

»Die Struktur steht an oberster Stelle«

Unser zweistündiges Gespräch mit Tony Kynast konzentriert sich auf diese Strukturen und reflektiert seine pragmatische und engagierte Sichtweise auf das Leben in geplanter Ungewissheit – ein besonderer Zustand, der für viele beunruhigend, ja sogar untragbar wäre. Der Oberstleutnant erklärt, dass es zwei Grundmodelle für den Lebensstil eines Berufssoldaten gibt: Entweder man zieht für jede neue Stelle um und versucht, am Einsatzort temporär Fuß zu fassen, oder man wird sesshaft und führt ein Leben als Pendler, verbringt aber nur die Wochenenden zu Hause. Wenn man sich für diesen Beruf entscheidet, muss man diese Realitäten akzeptieren, ebenso wie Partner oder Familie, falls man diese hat. »Die Struktur steht an oberster Stelle, und alles Weitere ordnet sich dem unter.« Der Thüringer Tony Kynast trifft seine Entscheidung mit 17 Jahren – so jung, dass seine Eltern den Vertrag zum Soldaten auf Zeit unterschreiben müssen, der auf 12 Jahre ausgelegt ist. Nach Ablauf dieser Zeit kann man entscheiden, in den zivilen Dienst zu wechseln oder als Berufssoldat höhere Dienstgrade anzustreben. Auf unsere Frage, ob es für ihn immer klar war, dass er den zweiten Weg einschlagen würde, antwortet Kynast mit einem knappen »Ja«, gefolgt von einem laut zu hörenden Punkt. Er beschreibt sich selbst als »ziemlich pragmatischen Menschen« und sagt, dass ihn das kompakte und bezahlte Studium, die Arbeitsplatzgarantie, das gute Gehalt und die Rentenansprüche – kurz gesagt, die lebenslange Sicherheit – gereizt hätten. Darüber hinaus sucht er das Abenteuer »Nicht nur Büro ... nicht immer der gleiche Arbeitstag.«

Was zunächst paradox klingt, sind zwei Seiten derselben Medaille: Wenn man sich sicher und geborgen fühlt, fällt einem das Abenteuer leichter.

2009 hat er seinen ersten Auslandseinsatz

Das Soldatenleben beginnt für Tony Kynast mit einem Studium in München, gefolgt von weiteren Qualifizierungsschritten an verschiedenen Orten in Süddeutschland. Danach hat er das Glück, als junger Offizier für insgesamt 12 Jahre im Logistikbataillon in Burg (Sachsen-Anhalt) zu dienen. Ein so langer Aufenthalt an einem Ort ist höchst ungewöhnlich, dennoch ist er in dieser Zeit alles andere als sesshaft: Zwischen 2009 und 2020 reist Kynast fünfmal nach Masar-i Scharif in Afghanistan, um dort die Logistik im Camp Marmal zu unterstützen. »632 Tage«, sagt er, ohne zu zögern. 2009 ist sein erster Auslandseinsatz, aber wie er sagt: »Beim dritten oder vierten Mal ist es schon Routine: Man kommt da hin, man hat seine Übergabe, so sieht mein Container aus …« Nichtsdestotrotz stellt Kynast fest, dass sich die sozialen Beziehungen stets verändern: »Man ist mit der eigenen Einheit gegangen, hat sich aber vor Ort noch einmal neu kennengelernt.« Die Soldaten verbringen circa vier Monate im Auslandseinsatz, bevor sie für mindestens zwei Jahre zurück nach Deutschland gehen. Diese Intervalle werden von der Bundeswehr nicht nur im Hinblick auf das Wohlergehen der Soldaten festgelegt, sondern aller, für die ihre Abwesenheit ebenfalls herausfordernd sein kann. Dies bekräftigt Tony Kynast, denn für die Daheimgebliebenen sei sein »Pendeln« härter gewesen als für ihn selbst, da sie aus der Ferne viel mehr miterleben müssen.

Das tägliche Leben wie ein Einheimischer genießen

In Afghanistan lebt und arbeitet Tony Kynast in einem Camp internationaler Bündnispartner. Im Kontrast dazu bewirbt er sich nach Ende seines Einsatzes in Burg für einen Posten im NATO-Stützpunkt Sigonella auf Sizilien, wo er entscheidet, in einer italienischen Ortschaft bei Catania zu leben. Dort ist er nicht von der Gemeinde abgeschottet, sondern kann sich vor Ort einbringen, seine Italienischkenntnisse ausbauen und wie ein Einheimischer das tägliche Leben genießen. Dies lässt uns an den Ansatz amerikanischer Militärstützpunkte denken, die wie große Inseln nationaler Traditionen wirken, indem sie versuchen, ein Maximum an »Heimat« zu verpflanzen. Demgegenüber kann das Leben außerhalb des Camps neue Gefühle von Heimat ermöglichen, die kulturell mit der lokalen Geografie und den örtlichen Gepflogenheiten verwurzelt sind.

Im Oktober 2019 tritt Tony Kynast eine Stelle beim Planungsamt der Bundeswehr in Berlin an. Zu diesem Zeitpunkt beschließt er, auf das »zweite Modell« umzusteigen und kauft eine Wohnung in der Hauptstadt. Als er den Posten in Schneeberg übernimmt, beginnt für ihn somit ein Leben des Pendelns mit besonderen Eigenschaften: Während seiner Arbeitszeit besucht er abwechselnd die unterschiedlichen Munitionslager,

rechte Seite:
Einst war die Kaserne sogar an die Bahn
angebunden. Heute würden sich das die
Soldaten wieder wünschen.

verbringt den Rest der Woche in Beeskow und fährt an den Wochenenden nach Berlin. Ein solches Hin und Her scheint weit entfernt vom »ruhigeren« Leben, das Kynast anstrebt, als er seine Wohnung kauft, aber was macht für ihn ein Zuhause aus? Die Antwort auf diese Frage beginnt nur allzu wörtlich: »Weil ich dort wohne«. Doch dann ergänzt er: »Wenn ich am Freitag ankomme, kann ich gleich sagen: ›Jawohl, hier fühle ich mich wohl!‹, und wenn ich Montag zuschließe, freue ich mich, am Freitag wiederzukommen.« Selbst wenn es nur zwei Tage in der Woche sind, schafft die langfristige Perspektive einer kontinuierlichen Rückkehr eine emotionale Bindung, welche sich der gängigen Vorstellung eines Zuhauses annähert.

Mit dem Rad durch Felder und Alleen

In Oder-Spree lebt er sich langsam ein. »Ich bin im Januar hierhergekommen. Egal, wo man dann in Deutschland hinkommt, ist es kalt und nass ... das ist nicht schön. Erst im April oder Mai habe ich die Region kennengelernt.« Tony Kynast erzählt von seinem angenehmen Arbeitsweg mit dem Fahrrad durch Felder und grüne Baumalleen, von Ausflügen nach Bad Saarow und seinem Lieblingskino in Beeskow. Es ist schwer, sich an einem Ort einzubinden, an dem man hauptsächlich arbeitet und schläft, aber Tony Kynast betont, er sei keiner, der nach der Arbeit in der Wohnung sitzt. »Nach und nach kommt man in das Leben rein.«

Die Anforderungen an die persönliche Mobilitätsbereitschaft sind für Berufssoldaten im gehobenen Dienst sehr anspruchsvoll. Menschen wie Tony Kynast nehmen sich dieser Herausforderung an und entwickeln eigene Strategien, sich zuhause zu fühlen. Persönlicher Pragmatismus und die Gewissheit struktureller Absicherung sind dabei hilfreiche Berater, denn: »Ich weiß schon, wenn ich komme, dass ich wieder gehen werde«.

vorherige Seiten:
Pflegekräfte in der MEDIAN Klinik
Grünheide bei der Dienstübergabe

Zuzug in der Pflege – Grünheide 93

linke Seite:
Teamarbeit: die Krankenschwestern
Michelle Mercado-Paredes (v.l.) und
Mae Bales Clouien, Krankenpfleger
Eleazar Nofies, Pflegedienstleiterin
Kerstin Kurz und Integrationsmana-
gerin Scarlett Staudte

Wie eine große Familie

Michel Nowak

Gemeinsam sitzen sie am langen Tisch im Besprechungsraum.
An einem Ende die langjährige Pflegedienstleiterin der MEDIAN
Klinik Grünheide, Kerstin Kurz. Neben ihr drei der insgesamt
56 philippinischen Beschäftigten der Klinik: Michelle Mercado,
Mae Bales Clouien und Zar Nofies. Die Runde komplettiert Scarlett Staudte. Sie arbeitet als Koordinations- und Integrationsmanagerin für die ausländischen Fachkräfte. Die Atmosphäre
ist gelöst, fast freundschaftlich. Zar Nofies arbeitet bereits mehr
als acht Jahre in Grünheide, Mae Bales Clouien nicht viel weniger. Die beiden studierten Krankenpfleger gehörten zu den ersten ausländischen Fachkräften, die in der MEDIAN Klinik angestellt wurden. Immer an ihrer Seite: Kerstin Kurz. »Ich habe
hier ja schon 1994 mit aufgeschlossen«, sagt die heute 58-Jährige.
Die komplette Entwicklung der auf Rehabilitation spezialisier-
ten Einrichtung hat Kerstin Kurz miterlebt. Helfersyndrom und
Empathie seien bei ihr ausgeprägt, bestätigen Kolleginnen und
Kollegen. Bereits als 14-Jährige absolvierte Kerstin Kurz Prak-
tika in Fürstenwalder Pflegeeinrichtungen. Später folgte die
Ausbildung zur und die Arbeit als Krankenschwester in Rüders-
dorf. »Für mich ist es immer ein erhebendes Gefühl, wenn ich
anderen Menschen helfen und sie unterstützen kann«, sagt die
frühere Sportlerin und zweifache Oma, »wenn ich jeden Schritt
mitgehen kann. Wenn es sein muss, auch bis in den Tod.«

Personalintensive Rehabilitations-Arbeit

Frühmorgens, vor 6 Uhr, erscheint Kerstin Kurz zum Dienst.
Oft warten dann viele Probleme, die gelöst werden wollen.
»Wenn etwa krankheitsbedingte Ausfälle auf den Stationen

auftreten, muss ich gucken, wie ich die Lücken kompensieren kann«, sagt die Rüdersdorferin, »schwierig wird das, wenn es richtige Wellen sind.«

Seit der Klinik-Gründung vor 30 Jahren konzentriert sich das Geschehen auf die Rehabilitation von Patienten unter anderem nach Hirnschäden durch Schlaganfälle, Blutungen oder auch Rückenmarksverletzungen. Die MEDIAN Klinik Grünheide ist ein Fachkrankenhaus für neurologische Frührehabilitation der sogenannten Phase B sowie gleichzeitig eine Fachklinik für neurologische und neurochirurgische Rehabilitation der Phasen C und D, wie es in der Fachsprache heißt.

Behandelt werden auch Patienten mit schwersten Komplikationen. Teils befinden sie sich im Wachkoma, immer kommen sie direkt aus einem Akutkrankenhaus nach Grünheide. Für eine solche Behandlung braucht es viele qualifizierte Kräfte. Und der Bedarf ist da: Geschätzt 550 Menschen erleiden deutschlandweit jeden Tag einen Schlaganfall. Ausfallerscheinungen wie Lähmungen oder Verlust der Sprache behandeln die Grünheider Spezialisten in ihren Reha-Programmen. Zwischen drei Wochen und mehr als einem Jahr beträgt die Aufenthaltsdauer der Patienten. Von einer »Top-Auslastung« spricht die Pflegedienstleiterin. Vor zehn Jahren erweiterte die MEDIAN Klinik um die heutige Leiterin Hanni Franz ihr Angebot. Sie verfügt jetzt über exakt 284 Betten.

Klinik hat mehr als 500 Beschäftigte Schwieriger wird es bei den Beschäftigten. Vor der Ansiedlung des US-amerikanischen Autoherstellers Tesla war die MEDIAN Klinik der mit Abstand größte Arbeitgeber in Grünheide. Auch heute gibt sie Hunderten Menschen in der Region Arbeit. Aktuell pendelt die Zahl der Mitarbeiter – neben den neun Auszubildenden – zwischen 520 und 540. Von Physiotherapeuten über Bademeister, Logopäden, Psychotherapeuten bis zum Sozialdienst sind zahlreiche Berufsbilder vertreten.

Rund die Hälfte der Beschäftigten – etwa 270 – sind direkt in der Pflege angestellt. Längst wirbt die Klinik offensiv beispielsweise in sozialen Medien um neue Mitarbeiter. »Wir sind direkt vor den Toren Berlins angesiedelt, da gibt es auch viel Konkurrenz«, sagt Kerstin Kurz. Seit 2016 – und damit vergleichsweise früh – geht die MEDIAN Klinik mit Blick auf den drohenden Fachkräftemangel einen weiteren Weg. Sie rekrutiert ausgebildete Kräfte im Ausland. Rund 80 solcher Pflegekräfte – vor allem von den Philippinen, aus Vietnam, China, Tunesien und Albanien – gehören zum Team und bilden inzwischen ein Drittel des Pflege-Personalstamms. »So viele Mitarbeiter vor Ort zu kriegen, ist faktisch unmöglich«, sagt Integrationsmanagerin Scarlett Staudte.

Erstmals kamen vor acht Jahren 15 Menschen aus China und 15 von den Philippinen in den Landkreis Oder-Spree. Zu ihnen gehörte auch Mae Bales Clouien. »Ich habe 2010 mein Studium abgeschlossen«, sagt die Grünheiderin, »im Jahr 2016 wurde der Abschluss anerkannt und seitdem arbeite ich hier als examinierte Krankenschwester.« Die fremde Sprache war für Mae Bales Clouien die größte Herausforderung. »Am ersten Tag habe ich gedacht, hier muss ich sofort wieder weg«, erinnert sie sich. »Aber zum Glück habe ich durchgehalten. Heute bin ich angekommen und zufrieden.«

Die Neuen »an die Hand« genommen

Pflegedienstleiterin Kerstin Kurz kann sich noch gut an die Zeit vor acht Jahren erinnern: »Wir haben unsere Neuen immer an die Hand genommen. Das gilt für die Klinikleitung genauso wie für jedes einzelne Team.«

So würden sich die ausländischen Kräfte beispielsweise in den Pausen anfangs oft zurückziehen. Da helfe nur, aktiv auf sie zuzugehen. »Sie müssen das Gefühl haben, dass sie akzeptiert und gewollt sind. Gebraucht werden sie sowieso«, sagt Kerstin Kurz. »Wir sind eine große Familie, jeder hilft und unterstützt den anderen.«

Für den Standort Grünheide habe sich herumgesprochen, »dass es hier gut funktioniert«, urteilt Koordinatorin Scarlett Staudte. Zu ihren Aufgaben gehört die Integration der ausländischen Fachkräfte. Fürs Anwerben und Eingliedern gibt es längst feste Pläne. Jeder einzelne Fall ist aber immer mit enormem Aufwand verbunden: Agenturen suchen zunächst vor Ort Interessenten.

Etwa ein Dreivierteljahr, bevor die neuen Beschäftigten in Grünheide eintreffen, finden bereits digital erste Gespräche statt. Dann muss ein Visum beantragt werden. »Bis zur Ausstellung dauert es oft lange«, berichtet Scarlett Staudte. Mit dem reformierten Fachkräfteeinwanderungsgesetz sei der weitere Prozess zwar einfacher zu händeln. Dennoch hat sie gemeinsam mit der Personalabteilung eine Vielzahl an Aufgaben zu bewältigen. Abgeholt vom Flughafen, ziehen die Neuankömmlinge meist in Wohngruppen. Anmeldungen bei der Gemeinde, Kontoeröffnung und die Teilnahme an Deutsch-Kursen folgen. Obligatorisch ist auch der Besuch bei der Ausländerbehörde in Beeskow, mit der nach Angaben von Scarlett Staudte die Klinik gut zusammenarbeitet.

Pflegekräfte mit Bachelor-Abschluss

Die Anerkennung der Zeugnisse – auf den Philippinen studieren die Pflegekräfte zum Beispiel im Bachelor-Studium sogar teils mit den Ärzten zusammen – folgt. Gemeinsam mit der »Akademie der Gesundheit« werden Prüfungen abgenommen. »Manchmal stellen wir die Anwärter auch nach dem Bestehen zurück, weil die Deutsch-Kenntnisse noch nicht reichen«, sagt die Integrationsmanagerin.

Mindestens ein halbes Jahr, oft länger, dauere es, bis die Pflegefachkraft dann wirklich mit den Patienten arbeite. »Dazu gehört die Grundpflege«, erläutert Mae Bales Clouien, »als

rechte Seite: Zuzug in der Pflege – Grünheide   96
Blick auf die Grünheider MEDIAN
Klinik

Schichtleiter verteilen wir Medikamente, messen Vitalfunktionen und kümmern uns praktisch um alles Medizinische. Dazu gehört die pflegerische Versorgung der Patienten.« Bestandteil sind zudem Beratungen und Gespräche mit den Ärzten. Die Arbeit sei anspruchsvoll: »Wir merken, dass in Deutschland Personalmangel herrscht«, sagt Mae Bales Clouien, »wir brauchen Routine und ein gutes Zeitmanagement.«

Dass die oft jungen Kräfte in ihren Herkunftsländern fehlen könnten, sieht Pflegedienstleiterin Kerstin Kurz nicht. »Unseres Wissens gibt es in diesen Ländern einen Überschuss an Pflegekräften«, sagt sie. Einige der Beschäftigten hätten bereits in anderen, oft arabischen Ländern gearbeitet.

So wie Michelle Mercado. Seit 2019 lebt sie in Grünheide, zuvor war sie sechs Jahre in Saudi-Arabien angestellt. »Dort war die Arbeit deutlich anstrengender«, erzählt die examinierte Krankenschwester. Wie die meisten ihrer Kolleginnen und Kollegen wohnt sie in der Nähe der Klinik. »Einige philippinische Mitarbeiter gehören zu meinen Nachbarn«, sagt sie, »wenn jemand Geburtstag hat, kommen viele aus der Gemeinschaft zusammen.« Es gibt Beziehungen zwischen den Mitarbeitern, deutschen wie philippinischen gleichermaßen. Und es gibt Kinder, die gemeinsam in den nahegelegenen Kindergarten »Schildkröte« gehen.

Wertschätzung als Mittel gegen Heimweh

Eingebunden zu sein, Gemeinschaft, Wertschätzung – all das sind auch Mittel gegen Heimweh. Wie sieht es aber damit praktisch aus? »Heimat ist Heimat – das wird sich nicht ändern«, sagt Mae Bales Clouien, »aber ich bin mit meinem Arbeitgeber zufrieden. Das zählt ja auch.« Für ihren Kollegen Zar Nofies ist die Rückkehr auf die Philippinen durchaus ein Thema. »Aber hier kann ich meiner Leidenschaft, als Krankenpfleger zu arbeiten, nachgehen. Und das ist, was ich will.«

Es ist offenbar eher ein »Kommen« als ein »Gehen« in Grünheide. Darüber sind sich die Anwesenden im Besprechungsraum einig. Die MEDIAN Klinik hat mit der Integration ausländischer Fachkräfte frühzeitig begonnen – sowohl direkt am Arbeitsplatz als auch im Umfeld.

Das Vorgehen gilt als bewährt und soll fortgesetzt werden. »Mitarbeiter gehen in den Ruhestand oder ziehen um. Da brauchen wir immer wieder motivierte Pflegekräfte mit neuen Ideen«, sagt Kerstin Kurz. Sie rechnet damit, dass noch mehr ausländische Fachkräfte eingestellt werden, nicht nur in Grünheide. Allein schon, um das Gesundheitswesen belastbar zu erhalten: »Ich denke, dass sich dieser Trend fortsetzen und verstärken wird.« Als Pflegedienstleiterin der MEDIAN Klinik Grünheide will Kerstin Kurz diesen Prozess in den nächsten Jahren begleiten.

vorherige Seiten:
Martin Maleschka (r.) gibt einem Team
der ARD-»Tagesthemen« ein Interview
zum Thema »Zurückkommen«.

linke Seite:
Katharina Maleschka in der
Erich-Weinert-Allee an der Plastik
»Erdkugel« von Axel & Cornelia
Schulze

Angekommen

Melanie Schmock

Wer den Karl-Marx-Damm in Bad Saarow entlang fährt, las
ungefähr ein halbes Jahr lang auf dem am Zaun der Nummer
Neun befestigten Banner: »Nachfolger:in gesucht«. Die Zahn-
arztpraxis Becker sucht jemanden, der nach Rentenübergang
die Praxis übernimmt. Heute steht dort: »Nachfolger:in gefunden«. Man spürt förmlich die Erleichterung, die in diesen
zwei Worten steckt. Erleichterung, dass die Patientinnen und
Patienten versorgt sind. Katharina Maleschka ist mit Sicherheit nicht die Kollegin, die dort gefunden wurde, denn für sie
steht fest: Zurück nach Deutschland will sie auf keinen Fall!
Sie ist angekommen in Norwegen – und glücklich.
Los geht unsere Geschichte in Eisenhüttenstadt. Dort treffen wir Katharina Maleschka und ihren Mann Jarle Presttun,
die uns von ihrem Leben in Eisenhüttenstadt und Lørenskog
erzählen. Die 43-jährige Zahnärztin lebt bis zum Studium
mit ihrem Bruder Martin und ihren Eltern in ihrer Geburts-
stadt, in der sie sieben Mal umgezogen seien. Katharina erinnert sich an Spaziergänge mit der Oma auf dem Rosenhügel
und den Garten der Eltern in der Gartensparte »Bergfrie-
den«. Die letzten drei Wohnblöcke, an die sie sich nur vage
entsinnt, seien mittlerweile alle abgerissen und Einfamilien-
häusern gewichen. »Jetzt ist es hier nicht mehr so grau«, sagt
sie. Sie hat gern hier gelebt, weint dieser Zeit aber keine Träne
nach. Für ihren Bruder Martin Maleschka ist genau das eine
Katastrophe: die Abrisse. Als Architekt, Fotograf und Künstler hat er sich der DDR-Baukultur verschrieben, fotografiert

und dokumentiert seit 2005 den demografischen Wandel. »Nur hier in Eisenhüttenstadt sind alle vier Jahrzehnte der DDR-Baugeschichte (noch) ablesbar«, schwärmt der 41-Jährige von seiner Heimatstadt, die er so ganz und gar nicht grau empfindet.

»Nach der Schule muss man weggehen«

Katharina besucht nach der Wende das Albert-Schweitzer-Gymnasium, das zuvor auch ihre Grundschule war. Seit ihrem sechsten Lebensjahr träumt sie davon, Zahnärztin zu werden. Zum Studium geht sie nach Berlin. »Genau das ist das Problem hier in Eisenhüttenstadt«, erklärt ihr Bruder. »Nach der Schule muss man weggehen, es gibt kaum Perspektiven auf eine Berufsausbildung und keine Studienmöglichkeiten. Die Meisten kommen dann nicht wieder.« Wie seine Schwester. Ganz anders er selbst. »Katharina und ich sind das komplette Gegenteil.« Während sie die gewissenhafte Schülerin und Studentin ist, ist er in seiner Jugend nachts als Graffiti-Sprüher unterwegs, macht eine Menge Unsinn. »Ich arbeite freiberuflich, habe keine eigene Familie, lebe zur Miete und komme mit wenig aus. Meine Schwester hat in Norwegen ein eigenes Haus, lebt am Rand der Großstadt und hat so ziemlich alles, vor allem die vielen kulturellen Möglichkeiten«, beschreibt er loyal ihre beiden so unterschiedlichen Lebensweisen.

Die Annonce des norwegischen Arbeitsamtes, dass Zahnärzte im öffentlichen Gesundheitssystem gesucht werden, liest Katharina 2006 im Zahnärzteblatt und entscheidet sich, ihre zweijährige Assistenzzeit im mittelnorwegischen Surnadal zu verbringen. Der Umzug und der Sprachkurs werden vom öffentlichen Zahngesundheitsdienst in Møre og Romsdal bezahlt, daran geknüpft ist die Bedingung, zwei Jahre am gewählten Ort zu bleiben. 2006 – nach dem Info-Abend in Hamburg – besetzen insgesamt 13 Zahnmedizinerinnen und -mediziner die damals 125 freien norwegischen Stellen. »Aktuell gibt es weniger freie Stellen hier in Norwegen«, sagt Katharina. Im Landkreis Oder-Spree fehlten laut Kassenzahnärztlicher Vereinigung Land Brandenburg Ende 2022 zehn Zahnmediziner: Es versorgten demnach etwa 100 Zahnärzte und Zahnärztinnen die fast 180.000 Einwohner.

Gesundheitssystem erscheint sozial gerecht

Das norwegische Gesundheitssystem beschreibt Katharina als sozial gerecht und ressourcenschonend. Es gibt nur eine staatliche Krankenversicherung, Beiträge dazu werden von den Steuern abgezogen. Die erste Adresse ist die Hausarztpraxis, dort werden für Konsultation oder Labor ein Eigenanteil bezahlt und die weitere Behandlung koordiniert. Ältere Menschen im Pflegeheim oder Menschen mit angeborenen Behinderungen beispielsweise werden kostenfrei behandelt. Zahnbehandlungen sind im Alter von null bis 18 Jahren kostenlos. Erwachsene gehen zum privaten Zahnarzt oder zur Zahnärztin und zahlen alles selbst. Vorteil des Systems scheint eine Vermeidung von »Arzthopping« und eine Gleichbehandlung der Patienten zu sein, Nachteile seien lange Wartezeiten auf planbare Operationstermine.

»Mir fehlen manchmal die Wörter auf Deutsch«, sagt Katharina in unserem Gespräch, die »Bokmål«, eine der drei in Norwegen gesprochenen Sprachen, in Berlin lernt, bevor sie aufbricht. »Eigentlich ist norwegisch ganz leicht«, erklärt sie, »æ ist ä, ø ist ö und å ist o, und schon hat man's.« Doch als die frisch gebackene Zahnärztin im Februar 2007 in dem etwa 6.000 Einwohner zählenden Städtchen zwischen Trondheim und Kristiansund ankommt, versteht sie kein Wort. Dort in der Region spricht man hauptsächlich »Nynorsk« – eine Art »neunorwegisch« und weniger Bokmål. Ungefähr drei Wochen nach ihrer Ankunft lernt Katharina ihren Mann Jarle kennen und zieht mit ihm nach Oslo. Jarle soll sie korrigieren, wenn sie Worte falsch ausspricht. Mittlerweile gibt es nur noch ein paar wenige, die sie nicht über die Lippen bekommt: »Dundyne«, sagt sie, »Bettdecke, das ist so ein Wort.«

Norwegen – ein Land für Naturliebhaber

Wir unterhalten uns über »Stereotypen«. Auf die Frage, was sie für typisch norwegisch hält, antwortet Katharina zunächst vorsichtig. Sie überlegt: »In Norwegen gibt es vor allem Eines: viel Natur. Und die genießen die Menschen. Viele in ihren Hütten in den Bergen, am See oder am Meer. Beim Wandern am Sonntag in Familie.«

»Und es gibt diesen einen Tag im Jahr«, sagt Katharina begeistert, »den 17. Mai. Man sagt: Norwegen habe Geburtstag.« Am Nationalfeiertag – ein riesiges Straßenfest – sieht man Jede und Jeden auf den Straßen, schick gemacht, in Trachten, Fähnchen in den Händen schwingend. Und beinahe jeder Ort stellt einen Spielmannszug, während in Oslo das Königspaar vom Balkon winkt. Das Königspaar, das von den Norwegern sehr gemocht wird und sich – laut Katharina – auf Augenhöhe mit dem Volk sieht, besucht jedes Jahr verschiedene Orte des Landes. Und so passiert es, dass der »kleine König«, die wörtliche Übersetzung von Jarle, den »großen König« trifft, und zwar als er die Tür zur Berghütte auf einer Skitour öffnet und mit Kronprinz Haakon zusammenstößt.

Und dann sprudelt es aus Katharina heraus: »Norweger werden mit Skiern geboren, heißt es. Mindestens 90 Prozent der Bevölkerung fahren Ski«. Das hat sie erst in Norwegen gelernt, zunächst Langlauf, dann Abfahrtski. »Schneeschieben ist übrigens auch eines meiner Hobbys«, sagt sie und lacht.

Stromnutzung per App steuern

Außerdem: »In Norwegen ist fast alles elektrisch. E-Auto, E-Bike, E-Bus. Energie wird durch Wasser gewonnen, und davon haben wir in Norwegen reichlich.« Per App sieht Katharina, wann viel oder wenig Strom zur Verfügung steht und somit der Preis günstig oder teuer ist. Danach plant sie ihren Verbrauch. »Dann wird die Waschmaschine eben abends angestellt.« So kann es sein, dass sie beim Stromverbrauch Geld spart.

Blick auf Eisenhüttenstadt – seit Katharina Maleschkas Kindheit hat sich dort viel verändert.

»Ich fand Skandinavien schon immer interessant«, schwärmt Katharina. Zur Jugendweihe habe sie sich eine Reise nach Norwegen zum Nordkap gewünscht und bekommen. Sie war begeistert. »Meine Eltern haben mich immer unterstützt im Unterwegssein und Ausprobieren«, sagt sie.

Das bestätigt auch ihr Bruder Martin: »Sie haben sich für uns Kinder aufgeopfert«, das Angebot, 1992 nach Baden-Württemberg zu gehen, abgewählt, um ihre Kinder nicht aus dem gewohnten Umfeld zu reißen. »Was wäre ich, ohne diese Entscheidung meiner Eltern?«, fragt sich Martin Maleschka. »Sie haben uns einfach machen lassen.« Dafür sind beide dankbar. Martin ist gerade während seines Studiums an der BTU (Brandenburgische Technische Universität) Cottbus-Senftenberg viel unterwegs. Vor allem in der ehemaligen DDR und in Osteuropa. Dort findet er, was ihm die westlichen Länder wie Spanien oder die Niederlande nicht geben können: die Baukultur des Ostens. Sie hat es ihm angetan, und so zieht es ihn zurück nach Eisenhüttenstadt, dem größten zusammenhängenden Flächendenkmal Deutschlands. »Es hat den Blick von außen gebraucht.« Er nennt es den »Leuchtturmeffekt«. »Je weiter man weg ist, umso mehr sieht man den Leuchtturm. Und in unserem Fall ist es die Stadt Eisenhüttenstadt, die leuchtet.«

Mit dem E-Auto nach Deutschland

Familie Maleschka sieht sich drei- bis fünfmal im Jahr, wie jetzt, während des Sommerurlaubes von Katharina und ihrer vierköpfigen Familie. Sie sind – natürlich – mit dem E-Auto unterwegs. Jarle war 1990 das erste Mal in Deutschland, in Oranienburg, da kannte er Katharina noch nicht. Er erinnert sich aber noch gut an die Fahrt auf den Autobahnen, an den Klang der Reifen – bububb, bububb.

Übermorgen fahren sie weiter, mit dem »kursbuch« im Gepäck. Und natürlich werden sie wiederkommen. Als Besucher aus Norwegen.

linke Seite:
Nadine und Enrico Mraß fühlen sich in
der alten Heimat wieder zuhause.

Wenn in der Ferne etwas fehlt

Anke Beißer

»Was ist Heimat? Die Frage haben wir uns schon öfter gestellt.
Wir sind viel umgezogen, alles hatte seine Zeit. Aber jetzt, hier
in Erkner, fühlt es sich so richtig richtig an. Wir haben gemerkt, was uns wichtig ist: das vertraute Umfeld, die Familie,
Freunde.« (Nadine und Enrico Mraß)

Von Berlin-Hellersdorf nach Erkner sind es schlappe 30 Kilometer. Nadine und Enrico Mraß haben jedoch einen Umweg
um die halbe Welt genommen. Zwischen ihrem Kennenlernen
und Verlieben in der Plattenbausiedlung und dem Einzug in
ihr nahe dem Dämeritzsee gelegenen Haus liegen nicht nur
19 Jahre, sondern ein halbes Dutzend Ortswechsel. Der wei-
teste ging bis nach Kalifornien und zurück. »Wir lieben das
Neue, das Abenteuer«, ist sich das Paar einig.

»Angerufen hat er nie«

Beide Jahrgang 1986, hätten sich schon als Kinder begegnen
können, wohnten sie doch im selben Häuserkomplex, nur in
gegenüberliegenden Riegeln. Sie ging mit einem Mädchen in
eine Klasse, dessen Bruder mit Enrico befreundet war und mit
ihm eine andere Schule besuchte. Bei einer Geburtstagsparty
im Sommer 2004 waren beide zu Gast, fanden Gefallen anei-
nander und stundenlang Gesprächsthemen. Enrico bat seinen
Freund noch um Nadines Handynummer. »Angerufen hat er
nie«, sagt sie schmunzelnd. »Ich war zurückhaltend«, ergänzt
er. Bei einer Party im Herbst gab es das zweite Aufeinander-
treffen, und »von da an waren wir ein Paar. Wir wussten einfach, dass es passt«.

Warum? »Wir schwimmen auf einer Wellenlänge, haben sehr ähnliche Wünsche und Pläne fürs Leben«, sagt Enrico Mraß. Sie lache gern über seine Witze, er habe sich von ihrer Reiselust anstecken lassen. Zunächst entschieden sich beide trotzdem für eine Fernbeziehung. Sie absolvierte ab 2006 ein Bachelor-Studium in Stadt- und Regionalplanung in Cottbus, ihn verschlug es nach Mannheim zum dualen Studium bei SAP (Systemanalyse Programmentwicklung), wo er den Bachelor-Abschluss für Internationale Wirtschaftsinformatik erlangte. Während er nach den drei Jahren einen Vollzeitjob als Entwickler bei SAP in Walldorf aufnahm, hängte Nadine das Masterstudium für Raumplanung in Karlsruhe dran. Sie zogen zusammen; noch ohne Gedanken an Kinder genossen sie die Zeit in Kirchheim im Großraum Heidelberg, in einer Wohnung mit Garten und riesigem Pflaumenbaum.

20 Minuten zu Fuß bis zum Bäcker

Als Nadine in einem Wasserbau-Ingenieurbüro in Walzbachtal ihren ersten Job fand, führte 2013 »eine rein rationale Entscheidung« zum Umzug nach Bruchsal. »Jetzt brauchte jeder nur noch eine halbe Stunde zur Arbeit«, erinnert sich Enrico. Was sie nicht bedacht hatten: Zum Bäcker waren es 20 Minuten zu Fuß. »Für uns Stadtmenschen schwierig.« War dem Paar, das im gleichen Jahr geheiratet hatte, die Trennung von den Familien in und um Berlin »fürs Abnabeln« noch recht leichtgefallen, spürte es inzwischen, dass trotz der Telefonate und seltenen Besuche etwas fehlte. Ihrem »persönlichen Drei-Jahres-Takt« folgend, bewarb sich Enrico Mraß auf eine Stelle bei SAP in Potsdam – mit Erfolg. Sie wollten mehr Nähe, Treffen ohne aufwendige Planung. »Die wichtigsten Menschen waren nun binnen einer Stunde erreichbar. Wir konnten Gespräche mit ihnen wieder persönlich führen. Es ist schon etwas anderes, beieinander zu sitzen.« Vor allem konnten sie ihren Großmüttern helfen – eine Herzensangelegenheit.

Nadine nahm den Umzug gemäß ihrer Maxime, immer gern Neues ausprobieren, zum Anlass, sich – berufsfremd – in die Selbstständigkeit zu begeben. »Wir hatten bei einer Reise durch die USA aus Früchten gestaltete Buketts gesehen. Das wurde meine Geschäftsidee.« Sie startete voll durch, erforschte das Neuland von rechtlichen Grundlagen über Buchhaltung, Aufbau von Einkauf, Produktion, Verkauf und Vertrieb bis hin zum Marketing samt Social-Media. »Obwohl es rückblickend nicht den erhofften Erfolg brachte, es war richtig und eine wichtige Erfahrung«, sagt sie selbstbewusst.

Nadine willigte sofort ein

Dann hielt das Leben erneut eine Wendung bereit: Enrico, mittlerweile Anfang 30, war nach dem SAP-internen Wechsel 2015 nicht mehr in der kundenbezogenen Entwicklung tätig, sondern für vorstandsnahe, strategische Projekte verantwortlich. Dabei führte ihn eine Dienstreise im Sommer 2017 für einen Monat ins Silicon Valley. Der Arbeitsalltag, das

Team, die Lebensweise, das Klima, die Bay Area südlich von San Francisco – all das hatte ihn so stark berührt, dass er auf dem Rückflug dachte: »Warum nicht dort leben?« Trotz seiner Begeisterung erwartete er von Nadine ein definitives »Nein« – doch im Gegenteil, sie willigte sofort ein. »Wir hatten schon nach dem Studium kurz über ein Auslandsjahr nachgedacht. Mit SAP sahen wir unsere wohl letzte Chance, den Traum umzusetzen«, staunt Nadine noch heute über ihre Spontanität. Weil ihr kleines Unternehmen »Fruity Flowers« nicht gut lief, gab Enrico beruflich den Takt vor.

Was zog ihn »über den Teich«? »Das Team in Palo Alto war extrem toll, die Internationalität auf Arbeit und in der Bay Area hat mich umgehauen. Die Kulturen, die Diversität, der Lebensstil, die breiten Straßen und kleinen Häuser, die Nähe zur Großstadt, zum Meer, den Bergen und den atemberaubenden Nationalsparks. SAP hat mir einen Job gegeben – daraufhin haben wir sehr egoistisch entschieden.« Und einsam. Niemand wusste Bescheid. Nadines Großmutter hatte Enricos Euphorie gespürt und gefragt: »Ihr geht jetzt nicht dorthin?« Da wussten die Zwei: »Die Familie zurückzulassen, wird das Schwierigste an der Entscheidung.« Weihnachten 2017 verkündete das Paar, Ende März 2018 in die USA zu gehen. Sie lösten die Wohnung auf, organisierten den Umzug, stellten Restbestände bei der Familie unter. Nach tränenreichem Abschied wartete der Flieger. »Es fiel uns sehr schwer, erst in der Luft überwog wieder die Vorfreude.«

Das Abenteuer hatte auch seinen Preis

Die folgenden knapp vier Jahre sind zweifelsohne etwas Besonderes für die Mraßens geworden. Vieles war so anders. »Für eine Party, einen Ausflug musste uns wegen des Wetters nicht bange sein. Es war immer schön, einfach genial«, sagt Nadine. Öffnungszeiten in Supermärkten beachten? Nein, ob sonn- oder feiertags, morgens oder abends – immer hat etwas geöffnet. Auch die Vorzüge im Miteinander, die Enrico ausgemacht hat, bestätigten sich im Alltag. Zudem die Freundlichkeit und die Aufgeschlossenheit der Menschen. »Anfangs war es seltsam, wenn mich die Kassiererin im Supermarkt fragte, wie es mir geht. Heute vermisse ich diese Zugewandtheit«, bemerkt Nadine Mraß. Aber das Abenteuer hatte auch seinen Preis. Geregelte Arbeitszeiten wie in Deutschland gibt es bei den IT-Firmen in den Staaten ebenso wenig wie etwa ein vorgegebenes Sozial-System. »Wir wurden in allem von SAP sehr unterstützt, und ja, wer den Schritt geht, muss sich noch mehr als hier um seine tausend Dinge kümmern«, ergänzt Enrico. Die Arbeitserlaubnis seiner Frau ließ lange auf sich warten – keine einfache Zeit. Als diese da war, hatte sie großes Glück und heuerte als Büroassistentin bei einer Firma für Landschaftsbau an. »Es passt bis heute.«

Corona-Pandemie wurde zum Problem

Aber die Familie? Der Kontakt zwischen Sunnyvale/California und Good Old Germany wurde via Video-Call und digitalen Fotoalben gehalten. Einmal im Jahr ging es nach Deutschland – mit der Schwierigkeit, allen Begehrlichkeiten gerecht zu werden. Zum Problem wurde die Corona-Pandemie. Zwei Todesfälle in der Familie und keine Möglichkeit des unmittelbaren Abschieds haben beiden emotional zugesetzt. Zudem war Sohn Leo 2020 geboren, die Groß- und Urgroßeltern konnten ihn nicht leibhaftig erleben. »Wir fühlten uns wie Gefangene. Die Freiheit, die Leichtigkeit waren weg.« Personelle Wechsel bei SAP und Änderungen in der Team-Kultur ließen das Pendel zwischen Abenteuer und Familie in letztere Richtung ausschlagen. Dauerhaft in den USA zu bleiben war zuvor eine Option gewesen – nun nicht mehr.

Enrico Mraß entschied sich, SAP nach 15 Jahren zu verlassen und somit auch die Komfortzone: »Ich wollte nicht zeitlebens nur bei einer Firma arbeiten.« Nach einem halben Dutzend Bewerbungen ergab sich eine Anstellung bei Google in München. »Ich wechselte von einer deutschen Firma in den USA zu einer US-amerikanischen in Deutschland. Kurios.« Im August 2021 zog die junge Familie in die bayrische Hauptstadt. »Wir wollten München eine Chance geben. Aber wir passten nicht hin.« Sporadisch begann das Paar, nach Grundstücken in Berlin-Nähe zu suchen. »Aber die für Wassergrundstücke aufgerufenen Preise waren ein Schock!« Der Traum drohte zu platzen, bis sich ein akzeptables Angebot in Erkner auftat. Seit Mai 2023 ist die inzwischen vierköpfige Familie – Haley kam im Juni 2022 zur Welt – dort zu Hause. Bis zu den Großmüttern und Urgroßmüttern sind es 30 Minuten. Freunde, Geschwister, sie alle kommen zu Besuch. »Es ist so schön, dass das nun geht«, sagt Nadine.

Die Bande bestehen

Aber vermissen sie Kalifornien? »Sehr«, heißt es schnell. Immerhin, die Bande bestehen. Nadine kann dank Homeoffice freiberuflich weiter für ihre Landschaftsbaufirma arbeiten, ihr Mann ebenso für Google. Mit den Freunden in der Ferne wird kommuniziert wie zuvor mit der Familie. »Und wir fahren einen Tesla«, sagt Enrico augenzwinkernd. »Hier ist die Gigafactory, in Palo Alto, gegenüber von SAP, war das Headquarter.«

Ist die kleine Familie also endgültig angekommen? »Haus und Garten sind kein Grund, sich nicht noch mal zu verändern. Das haben wir in den USA gelernt.« Für den Moment aber sei alles gut, ihre neue alte berlin-brandenburgische Heimat genau der richtige Ort.

rechte Seite:
Nicht nur Fotos erinnern das Paar an seine Zeit in den USA.

Die Herrin der Ringe

Anne-Marie Graatz

Yvonne Siedschlag hat mehr als nur einen Vogel. In ihrem Hof hat sie einen aus Holz, in der Wohnung auf Servietten, auf ihrem T-Shirt und im Garten einen echten. Sie ist ehrenamtliche Vogelberingerin. Seit drei Jahren überwacht und erfasst sie den Weißstorchbestand im Altkreis Luckau. Übernommen hat die Förstertochter das Ehrenamt von der 78-jährigen Katharina Illig. Vor drei Jahren wurde sie von ihr gefragt, ob sie sich das mit dem Beringen der Störche vorstellen könne. Seit 2020 ist sie mitgelaufen, hat von ihrer Vorgängerin gelernt und dann ein Jahr später den Beringerkurs absolviert.
Bei diesem Kurs werden unter anderem Artenkenntnisse abgefragt. »Nicht, dass Sie einen Spatzen beringen und als Storch wird er wiedergefunden«, erklärt Katharina Illig lachend. Diese Ausbildung erfolgt in der Beringungszentrale auf Hiddensee. Mit der heimischen Flora und Fauna kennt sich Yvonne Siedschlag aus. Sie hat Landschaftsnutzung und Naturschutz an der Hochschule für nachhaltige Entwicklung in Eberswalde studiert und ist zudem Hobby-Falknerin. In ihrem Garten wohnt ihr Wüstenbussard Nora.
Die ehemalige Krankenschwester Katharina Illig, die seit 1955 in Luckau lebt, ist dagegen durch ihren Ehemann zur Ornithologie gekommen: »Er ist Biolehrer gewesen und hat mich angesteckt. Anfang der 1970er-Jahre waren südlich von Luckau die Wiesen überschwemmt, und es war alles voller Wasservögel. Das war sehr beeindruckend und hat mein Interesse geweckt. Seit 1966 existiert in Luckau der biologische Arbeitskreis.

Da bin ich dann mitgegangen und habe alles so nach und nach gelernt. Beringerin bin ich seit 1973, und mit den Störchen fing das erst 1986 an.«

Im Herbst Richtung Süden Storch, Kranich, Kuckuck und viele weitere: Sie alle gehören zu den 100 Millionen Zugvögeln, die jeden Herbst oder früher ihre Brutgebiete in Deutschland verlassen und Richtung Süden ziehen. Vögel kennen dabei keine Grenzen und nisten sowohl im Landkreis Dahme-Spreewald als auch in Oder-Spree. Das Gebiet der beiden Ornithologinnen erstreckt sich über 703 Quadratkilometer im Altkreis Luckau bis ins Städtchen Dahme und in Sonderfällen auch in den Landkreis Oder-Spree. Damit die Zahlen statistisch vergleichbar sind, wurde die Altkreis-Unterteilung beibehalten.

Das wichtigste Mittel zur Erfassung und Überwachung von Zugvögeln ist die Beringung. »Das ist der Personalausweis für den Vogel«, betont Katharina Illig, während ihre 46-jährige Nachfolgerin verschiedene Ringe zeigt. Yvonne Siedschlag nimmt einen gelben Ring in die Hand: »Das ist ein Kennring vom Storch, dieser ist aus der Entfernung mit dem Fernglas noch gut lesbar. Er wird über das Knie des linken Beines gewickelt. Der zweite Ring ist der Aluring mit individueller Ringnummer, dieser weist das ringausgebende Institut und das Herkunftsland aus, in unserem Fall die Vogelschutzwarte Hiddensee. Nach der Beringung werden die Daten an die Vogelschutzwarte gemeldet und man erhält die Lebensgeschichte des Storches.«

Per Hebebühne zum Horst Die Storchennester befinden sich häufig auf Beton- oder Stahlmasten und werden von den beiden Storchenexpertinnen per Hebebühne erklommen. Unterstützung bekommen sie unter anderem durch die Energieversorger. Beringt werden die Jungstörche im Alter von fünf bis sieben Wochen. Zuerst werden sie eingesackt und es geht mit der Hebebühne zu Boden. Dort werden der Aluring und der Farbring angelegt, aber auch das Messen des Flügelmaßes sowie des Gewichts sind wichtig. Funktionieren kann das Ganze nur, weil die jungen Störche sich zusammenklappen und totstellen, wenn die Hebebühne heranfährt. Von besonderem Wert ist für Katharina Illig, was man aus der Beringung schließen kann: »Unser ältester Storch wurde 29 Jahre alt. Er war immer auf seinem angestammten Horst und wechselte die Partnerin, mal mit Ring und mal ohne. Wenn du nicht beringst, dann denkst du: ›Ach, da sind sie ja wieder!‹ Aber es müssen ja nicht die vom vorigen Jahr sein.«

Für die Vögel verlässt Yvonne Siedschlag auch ihren Landkreis und hilft in Oder-Spree, in Premsdorf bei Tauche, aus. Der Kontakt kam über den Naturpark Dahme-Heideseen zustande, erzählt die Luckauerin: »Der Storchenhorst steht am Grundstück eines Ehepaares, das den Horst hegt und pflegt. Sie fanden es dann irgendwann schade, dass nicht beringt wird, und so wurde ich angefragt.« Bei der Größe ihres Gebietes sind die beiden Beringerinnen auf die Hilfe der Menschen aus den Dörfern angewiesen. Sie informieren die Ornithologinnen bei Veränderungen und Problemen. Der Storch hat eine große Lobby, weil er in Menschennähe lebt. Auch Yvonne Siedschlags Familie ist dem Vogelfieber verfallen. Nicht von ungefähr war »Eule« das erste Wort ihres heute zwölfjährigen Sohnes.

Aufteilung in West- und Ostzieher

»Man sagt, die Zugscheide Europas ist die Elbe. Alles, was östlich von ihr brütet, fliegt im Osten ums Mittelmeer bis Südafrika, und die westlich brüten, fliegen im Westen ums Mittelmeer und überwintern schon in Spanien oder Marokko«, klärt Katharina Illig auf. Sie hat gelesen, dass es selbst bei Nestgeschwistern verschiedene Routen geben kann. Ob der eine nach Osten oder Westen zieht, hängt auch davon ab, in welche Truppe er gerät. »Es ist übrigens interessant, dass seit der Wende unsere Störche auch in den Westen fliegen. Ehrlich.« Katharina Illig kann sich das Lachen nach ihrem Ost-West Witz nicht verkneifen.

In Westdeutschland gab es, durch die intensive Besiedlung, kaum noch Störche. Mithilfe eines Auswilderungsprojektes wurden Jungvögel und Eier aus Marokko dorthin verbracht, sodass sich die Population erholen konnte. Allerdings haben diese Störche nur einen geringen Zugtrieb, weil sie bereits im Winterquartier sind. »Natürlich paaren sich diese mit unseren Ostziehern und entwickeln dadurch wieder einen Zugtrieb«, erklärt die erfahrene Ornithologin Illig. »1990 haben wir die ersten Rückmeldungen von unseren Störchen aus Frankreich und aus Bayern erhalten. Bis dahin wurde nie einer unserer beringten Störche auf der Westroute abgelesen.«

Ausgebremst vom Klimawandel

Im März und April kommen die Störche hier an, bauen ihre Nester, brüten und bleiben bis Ende August, bevor es dann wieder Richtung Süden geht. Yvonne Siedschlag weiß, dass »auch bei den Störchen mittlerweile ein, zwei das ganze Jahr hierbleiben«. Katharina Illig ergänzt: »Das ist natürlich energiesparend, wenn hier kein Schnee mehr liegt und sie Futter finden. Warum sollten sie wegfliegen?« Schuld daran, dass die Störche früher kommen und teilweise ganzjährig bleiben, ist der Klimawandel. Da sind sich die beiden einig.

Gibt es genug Menschen, die sich ehrenamtlich für die Ornithologie engagieren? »Das ist das Problem. Wir merken das auch im Arbeitskreis, die Jugend ist 60 und es kommen keine Nachfolger.« Auf die Frage, ob die Ornithologie ein Altherrenhobby sei, entgegnet Katharina Illig energisch: »Mit welcher Jugend willst du zusammenarbeiten? Es ist ja keine da. Ohne Ehrenamtliche schläft das Beringen ein«. Äußerst bedenklich findet Katharina Illig auch, dass die Vogelkunde in den Schulen kaum noch eine Rolle spielt. Zu DDR-Zeiten gab es Arbeitsgemeinschaften, von Sport bis Biologie. »Das war jede

Woche, richtig wie Unterricht. Und dann gab's in den Ferien noch die ›Spezi-Lager‹ (Spezialistenlager). Da ging man auf Exkursion«, erzählt sie begeistert. Yonne Siedschlag berichtet, wie es jetzt in Luckau ist: »Hier an der Grundschule gibt's eine Naturarbeitsgemeinschaft. Sie ist aber so aufgebaut, dass nur Kinder der zweiten bis vierten Klasse und wegen Rotation auch nur jeweils drei Monate teilnehmen können. Es gibt dann noch die Juniorranger der Naturwacht. Das sind dann aber Wochenendaktionen.«

Nachwuchssorgen bei Mensch und Vogel

Nachwuchssorgen gibt es nicht nur bei den Ornithologinnen und Ornithologen, sondern auch bei den Störchen selbst. Die Horstpaardichte ist laut Katharina Illig im Altkreis Luckau in einem guten Bereich, aber die Zahl der Jungen hat im letzten Jahrzehnt deutlich abgenommen. Jedes Storchenpaar müsste zwei Junge großziehen, damit die Population erhalten bleibt. »Und das schaffen wir seit Jahrzehnten nicht. Aber dadurch, dass sie alt werden, macht sich das nicht immer gleich bemerkbar«, erklärt Katharina Illig. Auf die Frage, wie viele Störche in ihrem Gebiet in diesem Jahr erfasst wurden, zieht sie stolz ihre Statistik hervor: »Kann ich Ihnen genau sagen. 62 Jungstörche und 37 Storchenhorste haben wir gezählt. Es gibt auch eine Menge Eier (17) und Jungstörche (28), die aus dem Nest gestoßen wurden.« Gründe hierfür sind Horstkämpfe zwischen den Störchen, das Wetter oder das größere Problem, der Nahrungsmangel. Bei diesem Thema wird die passionierte Ornithologin emotional: »Guck dir doch mal den Acker an! Wo sollen die denn bei dem Raps, bei dem Mais was zu fressen finden? Feuchte und abwechslungsreiche Gebiete benötigen sie und nicht Intensivgrünland.« Dabei frisst der Storch fast alles: Frösche, Regenwürmer, Insekten, Mäuse und Schlangen. Illig sieht die Landwirtschaft als Ursache für die Nahrungsknappheit. Die Bewirtschaftung der Flächen sei nicht vogelfreundlich. »Dagegen ist sogar die Großstadt artenreicher«, sagt sie mit Nachdruck. »Du hörst in Berlin mehr Vögel als hier.« Generell müsse sich aber auch etwas in der Förderpolitik der Landwirtschaft ändern, erklärt Yvonne Siedschlag und Illig ergänzt: »Es fängt schon im eigenen Garten an. Muss man den Rasen fünf Mal in der Woche mähen? Lass doch mal was blühen!«

linke Seite:
Nach mehr als drei Jahrzehnten hat
Rolf Lindemann in der Region Wurzeln
geschlagen.

Der Mann aus dem Westen

Wolfgang de Bruyn

Am Markt, schräg gegenüber dem Rathaus, dort, wo jetzt
»Pfennigland« seine Gemischtwaren feilbietet, zwischen
»Ernsting's Family« und »Bauer Klaus«, war die legendäre
HO-Gaststätte »Stadtmitte«. An einem langen Eisengeländer,
das über die vier schmalen Fenster reicht, lehnen dicht an dicht
Mifa- und Diamant-Fahrräder, unangeschlossen. Arbeitsschuhe
baumeln an den Lenkern, die Schultergurte der Handwerker-
taschen auf den Gepäckträgern sind über die Sättel geschlun-
gen, zwei Mistforken an die Querstangen gebunden.
»Ich habe so über den Platz geschaut, da ist mir die ›Stadtmitte‹
gleich ins Auge gefallen«, sagt Rolf Lindemann. Der junge Ver-
waltungsjurist aus Kamen/Westfalen, der im Dezember 1989
sein 2. Staatsexamen abgelegt hat, ist auf der Suche nach einer
ersten Arbeitsstelle. Es ist kurz vor zwölf. An den Bushalte-
stellen vor der »Stadtmitte« drängeln sich Leute aus den um-
liegenden Dörfern, die nach Einkäufen, Arzt- und Behörden-
besuchen nach Hause wollen. Vorsichtig stößt Lindemann mit
beiden Händen die Pendeltür auf, geht durch den verqualmten
Schankraum mit Tresen in den Speisesaal und ergattert einen
freigewordenen Fensterplatz. Den Balkon des Rathauses hat
er so im Blick, auf dem der damalige Bürgermeister der Kreis-
stadt, Fritz Taschenberger, ihn bei seinem ersten Besuch ge-
warnt hatte: »Sie wissen nicht, was Sie sich da antun würden.
Und einen eigenen Juristen können wir uns als kleine Stadt
nicht leisten. Aber wenn Sie wollen, spreche ich einmal mit
dem Landkreis.«

Neugierig auf den Osten

Über einen SPD-Mann aus Zeust war Lindemann durch die Städtepartnerschaft Beeskow–Kamen auf das Ackerbürgerstädtchen an der Spree gestoßen. Mehrere Bewerbungen hatte er in die ehemalige DDR verschickt, unter anderem auch nach Magdeburg, wo bereits eine Zusage vorlag. Neugierig war Lindemann auf den Osten, gleichzeitig aber zögerlich, denn das Bewerbungsgespräch dort mit den alten SED-Genossen mutete wie eine paramilitärische Veranstaltung an. »Grützwurst oder Blutwurst – ›Tote Oma‹ nennt man das hier«, hatte ihn Dr. Jürgen Schröter, Tierarzt und erster Landrat des Kreises Beeskow, später aufgeklärt, »alles mit Sauerkraut und den mehligen Adretta, die Grütze, Blut und Schwartenfett so unnachahmlich aufsaugen.« Was er letztlich gegessen hatte, daran erinnert sich Rolf Lindemann nicht mehr, aber an sein gutes Gefühl, als er aus dem Dunst wieder auf den Marktplatz trat. Und an den Geruch nach verbranntem Fett, der seinem Fischgrätensakko noch tagelang anhaftete.

Unkompliziert und mit einer entspannten Direktheit, so hatte er die Menschen hier bisher erlebt. Eigentlich wie im Ruhrgebiet, wo er herkommt. Ohne jede Pose, mit kräftigem Händedruck, der ein wenig schmerzte, als Jürgen Schröter ihn in seiner zugewandten Art mit den Worten begrüßte: »Und Sie sind also der Mann aus dem Westen.« Taxiert hatte sich Rolf Lindemann nicht gefühlt, aber doch neugierig und ein wenig verwundert betrachtet, was ihn wohl in den Osten geführt haben könnte.

»1.700 D-Mark gibt der RKV (Rahmenkollektivvertrag) monatlich her. Mehr kann ich Ihnen nicht bieten. Bei all den Problemen hier, die juristische Beratung verlangen, habe ich überhaupt keine andere Wahl. Ich brauche einen West-Juristen. Und«, – dann folgte eine kurze Pause – »›Beeskow ist nicht so schlimm, als es klingt‹, hat der alte Fontane schon gesagt.« Das war Schröters Schlusswort. Am 10. August 1990 war Arbeitsbeginn.

Im Zentrum der Macht

Wenige Tage, bevor Rolf Lindemann am letzten Julitag 2023 in den Ruhestand geht, sitze ich ihm in seinem Büro im Landratsamt für dieses Gespräch gegenüber. Den Anbau an das Kreishaus von 1901 gab es damals noch nicht. Der Leiter des Rechtsamtes und der Rechtsaufsichtbehörde, so Lindemanns Titel, sitzt im Zentrum der Macht des seit 1951 als Parteischule und Sitz der Kreisleitung der SED (Sozialistische Einheitspartei Deutschlands) genutzten Backsteingebäudes, gleich neben Landrat und Pressesprecher, der Kirchenmusiker ist.

Während Lindemann sich in die Arbeit stürzt und bereits am ersten Arbeitstag die Hauptsatzung des Kreises erstellt, hatte sich Schröter längst um ein Quartier gekümmert. »Da wäre etwas in Tauche, bei mir um die Ecke sozusagen, Wilfried Müller organisiert den Besichtigungstermin. Ja, gleich heute«, sagte

Schröter kurz, ehe er in seinem Büro verschwand. Müller, der damalige Leiter der KAP (Kooperative Abteilung Pflanzenproduktion) in Tauche, zeigt Lindemann den halb leerstehenden Neubaublock am Ende des Dorfes. Lindemann schluckt. »So sehen die alle hier in der Umgebung aus«, sagt Müller halb entschuldigend. Die Förster-Etagenheizung erinnert Lindemann an seine Kindheit. Unter den Kohleschütten im Keller liegen noch ein paar Rekord-Braunkohlebriketts. In den trockenen Sommern tröpfelt das rostige, stark schwefelhaltige Leitungswasser nur noch. »Und Schwefel stinkt nach faulen Eiern. Ich habe trotzdem zugegriffen.« Bis 1994 wohnt er in der Buckower Straße und heizt elektrisch.

Die Maxime: Legal – illegal – scheißegal

»Am Anfang waren eigentlich alle sehr freundlich und euphorisch, bis dann die Treuhand kam und das Betriebssterben begann. Bei all dem Chaos, das in dieser Übergangsphase leicht hätte zur Anarchie führen können, herrschte Aufbruchstimmung. Die Bürger forderten Rechtsberatung ein und gaben sich bei mir die Klinke in die Hand: Betrug durch Zeitungswerber, Machtmissbrauch, Grundstücksfragen, das leidige Generalspiel. Legal – illegal – scheißegal war die Maxime. Wir mussten einfach Entscheidungen treffen, was damals möglich war.« Während Lindemann die Neustrukturierung der Gemeinden vorbereitet und sich bereits mit der unumgänglichen Kreisgebietsreform im Zuschnitt von Schleswig-Holstein beschäftigt, wird im November 1990 auch die Stelle für Kultur und Denkmalpflege beim Landkreis besetzt. So sitzt sein damaliger Amtsleiterkollege auf der Burg Beeskow im Kreiskabinett für Kulturarbeit, dem jetzigen Atelierhaus, heizt mit den restlichen Holzscheiten, die sich in einer Ecke finden, den braunen Kachelofen, und sinniert mit seinem vorläufig einzigen Mitarbeiter darüber, was denn zu tun sei in dieser Umbruchzeit, in der in den wieder erfundenen neuen Bundesländern auch Identität gestiftet werden soll. Der im Dezember 1991 von den Kreistagsabgeordneten der ersten Stunde gefasste Beschluss, ein ostbrandenburgisches Kultur- und Bildungszentrum auf der Streleburg zu errichten, ist mit Lindemanns Verdienst, der den rechtlichen Rahmen dafür bereitet. »Auferstanden aus Ruinen …«, titelt der letzte Kulturminister der DDR und erste Direktor auf Burg Beeskow. Schröter und Lindemann organisieren eine Dienstreise auf die Zitadelle in Berlin-Spandau, um herauszufinden, wie in sanierten mittelalterlichen Gemäuern das so aufregend neue, freie Leben pulsieren könne. Und das Burghotel mit Schaubrauerei in den Ruinen des Ostflügels scheint greifbar nahe.

Keinen Tag für den Papierkorb gearbeitet

»In diesen unorthodoxen Zeiten damals habe ich keinen Tag für den Papierkorb gearbeitet. Immer unter der Maxime: Zukunft ist kein Schicksal.« Rolf Lindemanns Büro wirkt in diesen Tagen des Übergangs schon irgendwie ausgeräumt, der

Schreibtisch leerer als sonst. Neben der Tür zum Sekretariat auf einer Kommode Gastgeschenke wie Relikte aus einer anderen Zeit. Lindemann begleitet mich zurück auf den Flur und sagt: »Immer, wenn ich den alten Haupteingang zur Breitscheidstraße nehme, fällt mir die Geschichte mit der Frau in der Pförtnerloge bei meinem ersten Besuch hier ein. Ich erkundigte mich nach dem Weg zum Landrat, doch sie verstand nicht und zog, wie um sich zu schützen, den Reißverschluss ihrer Strickjacke hoch. ›Wo woll'n Sie hin?‹, fragte sie etwas unwirsch. ›Na zum Landrat‹, erwiderte ich, etwas verunsichert. Da fiel mir zum Glück das Wort Ratsvorsitzender ein. Ein Landrat war hier unbekannt.«

Angekommen ist Rolf Lindemann in der Region, hat in einem kleinen Dorf bei Beeskow gebaut, wo man direkt hinter dem Haus über weite Felder auf Kiefernwälder schaut, eine Familie gegründet. Landrat Schröter, der Zitateklopfer und unverbesserliche Berufsoptimist, hat sich Lindemann als seinen Nachfolger gewünscht, doch so weit ist dieser 2002 noch nicht. Ein Zitatenlexikon gibt der ehemalige Tierarzt seinem Nachfolger Manfred Zalenga mit auf den Weg. Von Zalenga bekommt Rolf Lindemann 2017 Akten überreicht. Ob ein Exemplar aus Zalengas Igelsammlung, seinem Lieblingstier, dabei ist, wissen wir nicht. Die Reihe ist nun an Rolf Lindemann. Spätestens am 1. August werden wir es erfahren haben.